学校安全
ポケット必携

目 次

学校安全の基本編

事前の危機管理編

発生時 (初動) の危機管理編

事後の危機管理編

知識・情報編

付録

本書で紹介しているウェブサイトやアプリは、変更、移転、削除等が行われる可能性があります。あらかじめご了承ください。

本書の活用にあたって

　本書「学校安全ポケット必携」は、学校をとりまく様々な危機的事態を未然に防ぎ、直面した際に適切な対応に資する基本的な知識を身につけられるよう作成したものです。教員や事務職員、教育委員会や学校法人、PTAなど、学校に関わる多様な方々が学校安全を実効性の高いものとするために役立てていただけるよう、学校における危機管理について、事前・発生時・事後の3段階に区分し、その他の必要な事項をできるだけ網羅しました。さらに、国や地方自治体が作成した学校安全に関する様々な資料から選りすぐりの図版を再編集し、多忙な読者でも、隙間時間にページをめくりながら知識や手順を確認できるよう、表現やビジュアルを工夫し、携帯性にも配慮した一冊に仕上げました。

　学校保健安全法では、学校の実情に応じて学校安全が図られるべきとしており、また「第3次学校安全の推進に関する計画」は、地域の特性に応じた教育訓練等の実施の重要性を強調しています。学校安全は、学校の組織や立地する地域、学区の特性、実情、自治体ごとの諸制度など、個別の状況に適応させることで実効性を確保できます。その点で、本書に掲載した学校の組織や対応手順が、必ずしも読者の関係する学校や地域に直接通用しない内容もあり得ます。このため、一部に、自校の状況や計画を記入できる欄を設け、自校化して実際の対応に役立てていただくための工夫も施しました。

　本書が、我が国の学校の安全を支える重要な担い手となっていらっしゃる全ての皆様にとってその推進の一助となりますことを願っております。

　　令和5年3月

監修者・編著者

　本書中に挿入している自由記入ページのファイル（文書作成ソフトにて作成）を提供しております。下記のWebサイトにアクセスし、ダウンロードしてご利用ください。

https://toho.tokyo-horei.co.jp/shop/g.php?14576

学校安全とは

学校安全とは

○「学校安全」は、「学校保健」「学校給食」とともに学校健康教育の3領域の一つ。

学校健康教育の3領域

| 学校安全 | 生活安全 | 交通安全 | 災害安全 |

学校保健
学校給食

○学校安全の活動は、「生活安全」「交通安全」「災害安全」の各領域を通じて、
・自ら安全に行動したり、他の人や社会の安全のために貢献したりできるようにすることを目指す「安全教育」
・児童生徒等を取り巻く環境を安全に整えることを目指す「安全管理」
・これらの活動を円滑に進めるための「組織活動」
の3つの主要な活動から構成される。

学校安全の体系

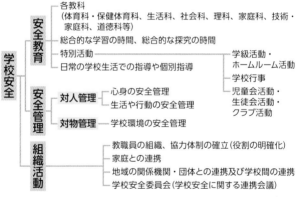

出典：文部科学省『「生きる力」をはぐくむ学校での安全教育』

学校安全の3領域
●生活安全
　日常生活で起こる事件・事故災害、誘拐や傷害などの不審者による犯罪
●交通安全
　様々な交通場面における危険と安全
●災害安全
　地震、津波、火山活動、風水（雪）害等の自然災害、火災や原子力災害
　→さらに、新たな危機事象として、感染症、テロ、ミサイルの発射等

学校保健安全法

　学校における児童生徒等及び職員の健康の保持増進や安全の確保に必要な事項を定めた法律。第26条〜30条に学校安全に関する規定が設けられており、これらの規定の趣旨を十分に踏まえて、学校における安全管理・組織活動について取り組むことが必要である。

■各条の概要

学校安全に関する学校の設置者の責務（第26条）

学校設置者の責務として、事故、加害行為、災害等により児童生徒等に生ずる危険防止、事故等により児童生徒等に危険又は危害が生じた場合に適切に対処するための学校施設・設備、管理運営体制の整備充実、その他必要な措置を講ずる。

学校安全計画の策定等（第27条）

学校において、学校施設・設備の安全点検、児童生徒等に対する安全指導、職員の研修その他学校における安全に関する事項を定める「学校安全計画」を策定し、実施しなければならない。

学校環境の安全の確保（第28条）

校長は、児童生徒等の安全確保に支障がある学校施設・設備について、遅滞なく、改善に必要な措置を講じ、措置を講ずることができないときは、学校設置者に対し、その旨を申し出る。

危険等発生時対処要領の作成等（第29条）

学校において、危険等発生時において職員がとるべき措置の具体的内容及び手順を定めた対処要領（危機管理マニュアル）を作成し、校長は、これを職員に周知し、危険等発生時において職員が適切に対処するために必要な措置を講ずる。また、事故等により心理的外傷その他の心身の影響を受けた児童生徒等に対して必要な支援を行う。

地域の関係機関等との連携（第30条）

学校において、児童生徒等の安全確保を図るため、児童生徒等の保護者や、地域を管轄する警察署その他の関係機関、地域の安全を確保するための活動を行う団体その他の関係団体、地域住民その他の関係者との連携を図る。

e-Gov ポータル「学校保健安全法」（全文）
https://elaws.e-gov.go.jp/document?lawid=333AC0000000056

学校安全に関する法規・計画

その他の法律で定める計画

学校保健安全法以外にも、下表に掲げた様々な法令に基づく計画があるが、必要な事項を「危機管理マニュアル」に定めることで、これらの法令に基づいて定める計画を兼ねることもできる。その場合は、他の法令に基づく計画である旨を明記しておく。

根拠となる法令	対象となる学校	策定すべき計画
消防法 第8条第1項	収容人員50人以上の学校	消防計画
水防法 第15条の3第1項	洪水浸水想定区域内に位置し、市町村の地域防災計画で指定された学校	避難確保計画
土砂災害防止法[1] 第8条の2第1項	土砂災害警戒区域内に位置し、市町村の地域防災計画で指定された学校	避難確保計画
津波防災地域づくりに関する法律 第71条第1項2号	津波災害警戒区域内に位置し、市町村の地域防災計画で指定された学校	避難確保計画
活動火山対策特別措置法 第8条第1項	火山災害警戒地域内に位置し、市町村の地域防災計画で指定された学校	避難確保計画
大規模地震対策特別措置法 第7条第1項	地震防災対策強化地域内に位置し、収容人員50人未満の学校	地震防災応急計画
日本海溝・千島海溝周辺海溝型地震特措法[2] 第7条第1項	日本海溝・千島海溝周辺海溝型地震防災対策推進地域内に位置し、収容人員50人未満の学校	日本海溝・千島海溝周辺海溝型地震防災対策計画
南海トラフ地震特措法[3] 第7条第1項	南海トラフ地震防災対策推進地域内に位置し、収容人員50人未満の学校	南海トラフ地震防災対策計画

1) 正式名称「土砂災害警戒区域等における土砂災害防止対策の推進に関する法律」
2) 正式名称「日本海溝・千島海溝周辺海溝型地震に係る地震防災対策の推進に関する特別措置法」
3) 正式名称「南海トラフ地震に係る地震防災対策の推進に関する特別措置法」

文部科学省『学校の「危機管理マニュアル」等の評価・見直しガイドライン』より引用し、一部改変

学校安全の推進に関する計画

○学校保健安全法第3条に基づき、学校における安全に係る取組を総合的かつ効果的に推進するため国が策定するもの。現在の第3次計画は、令和4年度から令和8年度までの5年間の計画。

○各学校では、本計画に基づき、安全で安心な学校環境の整備や、組織的な取組を一層充実させるとともに、安全教育を通じ、児童生徒等に、いかなる状況下でも自らの命を守り抜き、安全で安心な生活や社会を実現するために自ら適切に判断し主体的に行動する態度の育成を図る。

文部科学省「第3次学校安全の推進に関する計画」
https://www.mext.go.jp/content/20220325_mxt_kyousei02_000021515_01.pdf

大川小学校津波訴訟

◆旧・石巻市立大川小学校（宮城県）

　津波が襲うまで約50分の時間があったが避難せず、津波来襲直前に、すぐ裏の山ではなく、反対の川に近い高台へ向かった。

　児童74名、教職員10名が津波により犠牲に。一部の遺族が石巻市（学校の設置者）、宮城県（教職員の給与負担者）に対し提訴。1審に続き、2審も賠償を命じる判決。

最高裁により確定した仙台高裁判決
（仙台高判平30.4.26、最決令元.10.10）
学校の「事前防災」の不備を厳しく指摘

判決の指摘（一部）

●ハザードマップが示す予想浸水区域の外に避難すれば安全であることを意味するものではない。

●学校の設置者（地方公共団体）から提供される情報等を独自の立場からこれを批判的に検討する必要があった。

●学区内は津波危険性が高い地区を含んでいて、学校も河川に近く、津波被害の危険性を認識すべきだった。

●校長等に必要とされる知識・経験は地域住民の平均的知識・経験よりはるかに高いレベルであるべきだった。

●職務上、安全確保義務履行にかかる知識・経験を収集、蓄積できる立場にあった。

●職務上、知り得た知識・経験を市教委や他の教職員と相互に交換・共有できる立場にあった。

●学校の危機管理マニュアルは、地域の実情に応じたものといえず、学校は適切な改訂を怠っていた。

●市教委には危機管理マニュアルの不備を指摘し、是正を指示・指導する義務があった。

●住民と学校との避難行動が整合的となるよう、地域住民等と事前に連携が図られるべきだった。

●あらかじめ定めた避難場所に安全に避難できるよう、事前に環境の整備を市教委に申し出る等の措置をとるべきだった。

「事前の危機管理」がその後の対応全てにつながる。学校安全の危機事情を時系列で想定して、きちんと備えることが重要。

学校で想定される主な危機事象

学校安全の3領域である「生活安全」「交通安全」「災害安全（防災）」の観点から、教育委員会や自治体危機管理部局と相互に情報交換・共有しつつ、学校で起こり得る様々な危機事象を想定する。

危機事象		想定される事態（例）
生活安全	傷病の発生	熱中症、体育授業中・休憩時間中の頭頸部損傷その他の外傷、階段・ベランダ・遊具等からの転落、急病等による心肺停止　等
	犯罪被害	不審者侵入、地域での不審者情報、学校への犯罪予告、校内不審物
	食中毒、異物混入	学校給食による食中毒、学校給食への異物混入　等
	食物等アレルギー	学校給食や教材によるアレルギー・アナフィラキシー
交通安全	自動車事故	登下校中や校外活動中の交通事故、スクールバスの事故
	自転車事故	
	その他の交通事故	
災害安全	気象災害	洪水・内水氾濫・高潮等による浸水、強風による飛来物・停電、突風・竜巻による家屋倒壊・飛来物、落雷、大雪による交通寸断・停電
	地震・津波災害	建物倒壊、家具等の転倒・落下、津波浸水、液状化、二次災害としての火災・がけ崩れ・ライフライン寸断　等
	土砂災害	がけ崩れ、土石流、地すべり
	火山災害	火砕流、融雪型泥流、火山灰　等
	原子力災害	原子力発電所の事故　等
	大規模事故災害	ガソリンスタンド、化学工場など危険物取扱施設での事故　等
	火災	校内施設や近隣からの出火
その他	大気汚染	光化学オキシダント被害、微小粒子状物質（PM 2.5）
	感染症	結核、麻しん、新たな感染症　等
	弾道ミサイル発射	Jアラートの緊急情報発信
	その他	空からの落下物、インターネット上の犯罪被害　等

文部科学省『学校の「危機管理マニュアル」等の評価・見直しガイドライン』より引用し、一部改変

ウェブGISを活用した学区等の地域特性の把握

〈重ねるハザードマップ〉

○ハザードマップポータルサイト（国土交通省）の活用
- ・各地のハザードマップを一つの電子地図に集約
- ・異なる災害種を一つの画面に重ねて表示可能
- ・事前に適切な避難先や、経路等を検討するための導入ツールとして有効

出典：ハザードマップポータルサイト

ポイント

- ●同時に生じ得る災害（例：大雨による洪水と土砂災害）を複数表示して検討する。
- ●ハザードマップは特定の条件を想定して危険性を色塗りしているので、作成条件を上回る現象が生じた場合は、想定を上回ることもある。
- ●特定の災害種のハザードマップが作成されていない地域では、色塗りされていない（色塗りがないので安全であると誤解しないこと）。
- ●過信せず、地図の限界に注意して有効活用する。

ハザードマップポータルサイト
https://disaportal.gsi.go.jp/index.html

防災地理情報の活用によるリスクの把握

※ハザードマップから読み取った自校や自宅の災害リスクの記入、参考資料の貼付用などとしてご活用ください。

ハザード	読み取れた情報など

ウェブGISを活用した学区等の地域特性の把握

〈地理院地図〉

○災害の発生リスクや避難先を地形図から読み取る
- ・色別標高図や陰影起伏図の機能、断面図などのツールで土地の高低差を捉える。
- ・新旧の地形図や空中写真の画像を比較して土地利用の変化を捉えるのも有効。

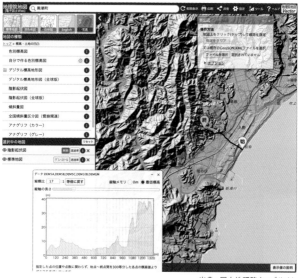

出典：国土地理院ウェブサイト

ポイント
- ●各地に点在する石碑などの「自然災害伝承碑」の位置や刻まれた文字の内容も表示できる。
- ●地域を過去に襲った自然災害史からも災害危険性の想像力を喚起でき、防災教育にも有効である。

地理院地図
https://maps.gsi.go.jp/

気象災害が差し迫った状況で活用できるウェブGIS

〈キキクル〉（気象庁）
○危険度分布地図
　・土砂災害、浸水害、洪水害の３つの危険度を表示可能
　・５段階に色分け（➡p.68）して10分ごとに更新されるリアルタイム情報

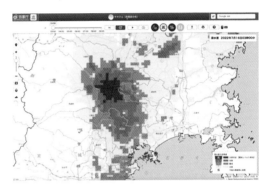

出典：気象庁ホームページ

ポイント
●休校や早めの下校、自宅や出先（校外活動や修学旅行中）での早めの
　避難の判断に活用できる。
●平時は危険度（色分け）表示がないため、他の地域で警報・注意報が
　発表された際に、その地域でどのように情報が表示されるか確認し、
　いざというときにスムーズに使えるよう操作に慣れておくとよい。

キキクル（危険度分布）
※画面上のアイコンで土砂災害、浸水害、洪水害のキキクルに遷移する。
https://www.jma.go.jp/bosai/risk/

学校保健安全法施行規則で求める3種類の安全点検

　目視・打音・振動・負荷・作動等により実施する。対象や項目に応じ複数の方法を組み合わせる。

種　類	時期・方法等	対　象	法的根拠等
定期の安全点検	毎学期1回以上 計画的に、また教職員全員が組織的に実施	児童生徒等が使用する施設・設備及び防火、防災、防犯に関する設備など	毎学期1回以上、幼児、児童、生徒又は学生が通常使用する施設及び設備の異常の有無について系統的に行わなければならない（規則第28条第1項）
	毎月1回 計画的に、また教職員全員が組織的に実施	児童生徒等が多く使用すると思われる校地、運動場、教室、特別教室、廊下、昇降口、ベランダ、階段、便所、手洗い場、給食室、屋上など	明確な規定はないが、各学校の実情に応じて、上記（規則第28条第1項）に準じて行われる例が多い
臨時の安全点検	必要があるとき ＊運動会や体育祭、学芸会や文化祭、展覧会などの学校行事の前後 ＊暴風雨、地震、近隣での火災などの災害時 ＊近隣で危害のおそれのある犯罪（侵入や放火など）の発生時など	必要に応じて点検項目を設定	必要があるときは、臨時に、安全点検を行う（規則第28条第2項）
日常の安全点検	毎授業日ごと	児童生徒等が最も多く活動を行うと思われる箇所	設備等について日常的な点検を行い、環境の安全の確保を図らなければならない（規則第29条）

出典：文部科学省『学校の「危機管理マニュアル」等の評価・見直しガイドライン』

教職員の点検項目の例

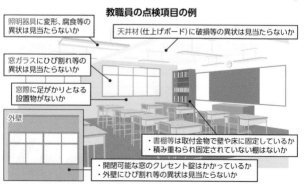

照明器具に変形、腐食等の異状は見当たらないか

天井材（仕上げボード）に破損等の異状は見当たらないか

窓ガラスにひび割れ等の異状は見当たらないか

窓際に足がかりとなる設置物がないか

外壁

・書棚等は取付金物で壁や床に固定しているか
・積み重ねられ固定されていない棚はないか

・開閉可能な窓のクレセント錠はかかっているか
・外壁にひび割れ等の異状は見当たらないか

施設・設備の点検

危険箇所の抽出

学校内に限らず校地の周辺や通学路等も対象となる。あらかじめ点検項目を洗い出しておく。

■施設・設備の点検例

《防犯の視点》	《交通安全の視点》
・不審者侵入防止用の設備 ・警報装置、監視システム、通報機器等の作動 ・避難経路の複数確保 ・出入口の施錠状態 ・通学路にある犯罪発生条件（死角、街灯の有無など）	・歩道や路側帯の整備状態 ・車との側方間隔 ・車の走行スピード ・右左折車両のある交差点 ・見通しの悪い交差点 ・沿道施設の出入口 ・渋滞車両・駐車車両の存在
《防災の視点》	《校内事故防止の視点》
・天井材、外壁等の非構造部材の落下防止 ・書棚・家具等の壁・床への固定 ・警報装置や情報機器等の作動 ・避難経路・避難場所 ・通学路にある災害発生条件（土砂災害、洪水など） ・遊具等の劣化	・天井材、外壁等の非構造部材の落下防止 ・体育館の床板等の建材・遊具等の劣化 ・窓・バルコニーの手すり等の劣化 ・防球ネット、バスケットゴール等の工作物・機器等の倒壊や落下等の防止 ・エレベーター・防火シャッター等の作動確認 ・駐輪場の駐輪方向と傾斜の関係や地面の凹凸等の確認

出典：文部科学省『学校の「危機管理マニュアル」等の評価・見直しガイドライン』

点検等による危険箇所の分析・管理、対策・改善のイメージ

安全点検

関係者からの情報
・教職員
・児童生徒等
・保護者
・地域

危険箇所

過去の事故情報
・災害発生箇所
・犯罪発生箇所
・保健室データ
・学校事故事例検索DB等

起こり得る事故・被害想定

物理的対策
人による対策

環境条件	指導上の課題

児童生徒等への指導の改善

職員によるヒヤリ・ハット研修

独立行政法人日本スポーツ振興センター「学校事故事例検索データベース」
https://www.jpnsport.go.jp/anzen/

文部科学省『学校の「危機管理マニュアル」等の評価・見直しガイドライン』より引用し、一部改変

事前の検討・対策

○校内での学習状況とは異なり、慣れない土地・状況での安全確保が求められるため、校外活動先での危機管理には、特に周到な準備が必要となる。

○事前の検討では、校外活動の活動場面と様々なリスクの組み合わせを考慮する。

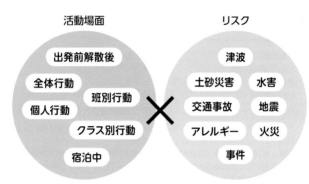

活動場面	×	リスク
出発前解散後 / 全体行動 / 班別行動 / 個人行動 / クラス別行動 / 宿泊中	×	津波 / 土砂災害 / 水害 / 交通事故 / 地震 / アレルギー / 火災 / 事件

出典：文部科学省『学校の「危機管理マニュアル」等の評価・見直しガイドライン』

○遠足、社会科見学、移動教室、修学旅行、その他の校外活動について、児童生徒等の安全確保の観点から以下の点についての事前の検討・対策を講じる。

校外活動全般	□校外活動先における地域固有のリスク（津波・土砂災害などの自然災害、その他の事故・災害の危険性）を調査し、これを可能な限り軽減するとともに、想定される事故・災害等が発生した場合の対応を検討する。 □事前の下見で、現地で被災した場合の様々なリスクや、活動場所近くの利用可能な施設・設備等(AED配置場所、病院・警察署等)を調査するとともに、これを活動計画や活動のしおりに反映させる。 □訪問先・宿泊先・旅行代理店等関係者との安全確保に関する事前調整を行う。 □引率教職員間での連絡方法、引率教職員と在校教職員との定期的な連絡の方法について検討する。 □災害発生時の避難経路・避難場所、情報収集手段等について確認し、全引率教職員間の共通認識とする。 □緊急時の連絡体制（医療機関、学校、保護者）を整備し、確実に機能するかを事前に確認する。 □一人で避難できない児童生徒等への対応について検討する。

校外活動時の危機未然防止対策

宿泊を伴う 活動・食に関係 する活動[※] **（食物アレルギー 対応）**	□食物アレルギーを持つ児童生徒等についての情報と緊急時対応について、全ての引率教職員間で共有する。 □エピペン®等持参薬の管理方法について、確認する（教職員が管理する必要がある場合には、該当児童生徒等の引率方法を検討）。 □工場見学や体験学習など、食に関係する活動があれば、その内容を十分検討する。 □宿泊先や訪問先施設に対し、食物アレルギー対応態勢、実績、どこまでの対応が可能か等について確認する。その際、食事内容だけでなく、そばがら枕の使用など、触れたり吸い込んだりすることも発症原因になることに留意する。 □宿泊先や訪問先での食事や活動内容について、保護者と協議をする。 □万一アレルギー症状が発症した場合に備えて、以下の準備をする。 ・エピペン®等持参薬の使用方法の再確認 ・搬送可能な医療機関の事前調査 ・円滑な治療を受けるため、（必要に応じて）主治医からの紹介状を用意 ※注意が必要な活動 ・調理実習 ・牛乳パックを使った工作 ・小麦粉粘土を使った活動 ・遠足（子供同士の弁当のおかずやおやつの交換） ・社会科見学 ・豆まき ・植物の栽培 ・給食ではない飲食を伴う活動（PTA主催イベントの模擬店など） ・アレルゲンとなる食品の清掃　等

文部科学省『学校の「危機管理マニュアル」等の評価・見直しガイドライン』より引用し、一部改変

校外活動の携行品（例）

□ 緊急連絡体制表	□ 児童生徒等名簿
□ 訪問先の地図等	（緊急連絡先を含む）
（避難経路・避難場所）	□ 緊急搬送先医療機関の情報
□ 携帯用救急セット	□ 携帯電話・スマートフォン
□ モバイルバッテリー	□ 携帯ラジオ端末
□ 笛（危険を知らせるため）	

文部科学省『学校の「危機管理マニュアル」等の評価・見直しガイドライン』より引用し、一部改変

緊急時の非常参集体制

○夜間休日等の勤務時間外であっても、児童生徒等の安否確認などを的確に行うためには、災害等危機事態の大きさに応じて教職員が非常参集する必要がある。

○大規模地震などで通信手段が途絶した場合、一定の震度以上の地震が発生した場合には参集要請の連絡がなくても「自動参集」する。

○原則として自分自身と家族の身の安全を優先することとし、自宅及び家族の安否を確認後に参集する。

○交通手段の途絶や通勤経路上の問題によりどうしても参集できない場合には、無理に参集せず、本部（管理職）にその旨連絡を入れる。

○誰がどの段階で参集するかなどの、具体的な対応ルールについて、教育委員会の資料や自校の危機管理マニュアルで確認しておく。

非常参集時の心得

○服装：動きやすい服装、運動靴とする。季節に合わせて防寒具等も準備する。

○持ち物：数日間勤務にあたることを想定し、リュック等に準備しておく。

持ち物の例
□ 身分証明書　□ 携帯電話・スマートフォン　□ 携帯充電器
□ 携帯ラジオ　□ 携帯できる食料　□ 飲料水　□ 現金（小銭）
□ 笛（ホイッスル）　□ 小型のライト　□ マスク　□ 着替え
□ メモ帳・筆記用具　□ 防寒具

○非常参集時には、必ずインターネット等で警報等に関する情報を収集するとともに、下記の場合には、危険区域を絶対に通らない。

参集の種類等	避けるべき区域
地震時の参集：大津波警報、津波警報、津波注意報が発表されている場合	津波ハザードマップ（津波浸水想定区域図）で津波の浸水が想定されている区域
風水害時の参集	洪水ハザードマップ（洪水浸水想定区域図）、土砂災害ハザードマップ（土砂災害警戒区域・土砂災害特別警戒区域等）で浸水や土砂災害が想定されている区域

○参集する際には自身の身の安全に十分留意する。

○災害等の被害が大きい場合には、参集途上の地域の様子をつぶさに観察し、本部へ報告する。

文部科学省『学校の「危機管理マニュアル」等の評価・見直しガイドライン』より引用し、一部改変

※自校の非常参集体制の記入、貼付用などとしてご活用ください。

災害の種類・程度	参集体制・自身の行動など

緊急時の組織体制の整備

■事故・災害時の対策本部体制（一次対応）と主な業務〔例〕

班　名	業務内容
本　部	・放送等による連絡・指示 ・緊急対応の決定 ・教育委員会、自治体、PTA等への報告と連絡調整 ・情報収集（災害情報、交通情報等） ・非常持ち出し品の搬出
避難誘導班	・児童生徒等、教職員、来校者の安否確認 ・負傷状況の把握 ・避難経路の安全確認と二次避難先の確認 ・行方不明者の検索
安全点検・消火班	・初期消火 ・被害状況の程度と校内安全場所の確認
救急医療・救護班	・負傷者の搬出、救命措置 ・緊急医薬品、AEDの持ち出し ・負傷者の応急手当 ・応急救護場所の確保（保健室使用不可時） ・医療機関への連絡、搬送
保護者連絡・対応班	・緊急メールの配信、電話連絡等での対応 ・HP等や「171」「web171」の活用による周知 ・引き渡し方法の確認と場所の指定

■事故・災害時の対策本部体制（二次対応）と主な業務〔例〕

班　名	業務内容
本　部	・二次避難場所や長時間避難場所の決定 ・教育委員会、自治体、PTA等と連絡調整 ・情報収集（災害情報、交通情報等） ・報道対応等
応急復旧班	・被害状況の把握 ・ライフラインの被害状況把握 ・危険箇所の応急措置 ・危険箇所の立ち入り禁止措置
救急医療・救護班	・負傷者の措置 ・持病保有者の把握 ・「こころのケア」の開始 ・医療機関との連絡調整
避難所支援班	・自治体との連絡調整 ・避難所運営の準備（ゾーニング） ・備蓄品等の使用準備

○係分担にこだわらず、手が足りないところへ随時応援に入る。
○夜間・休日、休暇中の参集体制について確認しておく。

緊急時の組織体制の整備

※自校の組織体制の記入、貼付用などとしてご活用ください。

緊急時持ち出し品

緊急時持ち出し品・書類等の整備・管理

〇持ち出し品は必要最小限のものとし、すぐに持ち出せるようにパッケージ化しておく。
〇名簿情報の取扱いには厳重注意する。
〇持ち出し品の保管場所、持ち出し担当者・代理者をあらかじめ決めておく。
〇重要書類は災害による損失・滅失を防止するため耐火・防水キャビネットへの保管を検討する。
〇各種図面等はクラウド上への保存も検討する。

緊急時持ち出し品の例	
避難に用いる物品	□危機管理マニュアル □懐中電灯、乾電池 □携帯型ラジオ・乾電池 □ハンドマイク、ホイッスル
応急手当に用いる物品	□救急用品セット（ハサミ、ピンセット、消毒液、滅菌綿棒、絆創膏、伸縮包帯、滅菌ガーゼ、サージカルテープ、三角巾等）
名簿・各種連絡先	□児童生徒等緊急連絡用名簿 □教職員連絡用名簿 □引き渡しカード □関係機関の緊急連絡先一覧
各種図面	□各種防災設備の配置図（消火器、消火栓、防火扉、AED、避難用具、防犯用品等） □避難所としての学校施設の利用方法（開放区域と非開放区域の明示） □電気配線図（施設内の電気室や高圧受電設備から配電盤、各教室等への配線経路、コンセントの位置、容量等） □水道配管図（元栓の位置、各施設への止水弁の位置と機能、水道水の流れ） □電話配線図（災害時優先電話の所在を含む）
各種様式	□行方不明者記入様式（児童生徒等・教職員） □事件・事故・災害等発生時の記録用紙 □教育委員会への緊急連絡票

文部科学省『学校の「危機管理マニュアル」等の評価・見直しガイドライン』より引用し、一部改変

事故・災害等に備えた備品・備蓄品

〇一覧表で整理し、管理者を明確にしておく。

〇保管場所の選定にあたり、災害等による被災の可能性や利用時の利便性等を考慮する。

〇毎年1回消費期限の確認・補充、動作確認等の管理を確実に実施する。

〇学校待機の長期化に備えて、児童生徒等・教職員個々人の備蓄を推進する。

〇自治体の備蓄倉庫が設置されている場合、倉庫内物資等の使用の可否を確認しておく。

地震発生時や緊急事態発生時の安全確保に役立つ物資等の例	
頭部を保護するもの	□防災ずきん　□ヘルメット
停電時に役立つもの	□ハンドマイク　□ホイッスル □懐中電灯・電池式ランタン
救助・避難に役立つもの	□バール　□ジャッキ
防火に役立つもの	□消火器　□砂
防犯に役立つもの	□防犯カメラ　□さすまた　□催涙スプレー

二次対応時に役立つ物資等の例	
情報収集に役立つもの	□携帯ラジオ　□携帯テレビ（ワンセグ） □乾電池　□携帯電話　□衛星携帯電話 □トランシーバー
避難行動時に役立つもの	□マスターキー　□手袋（軍手）　□防寒具 □雨具　□スリッパ　□ロープ

学校待機時に役立つ物資等の例	
生活に役立つもの	□飲料水　□食料　□卓上コンロ（ガスボンベ） □毛布・寝袋　□テント　□簡易トイレ □ビニールシート　□バケツ　□暖房器具 □使い捨てカイロ　□電子ライター　□タオル □衛生用品　□紙コップや紙皿
救護に役立つもの	□AED　□医薬品類　□携帯用救急セット □懐中電灯　□ガーゼ・包帯　□副木 □医療ニーズのある児童生徒等のための予備薬・器具等 □マスク　□アルコール　□担架
その他	□発電機　□ガソリン・灯油　□段ボールや古新聞 □投光器　□プール水　□携帯電話充電器

文部科学省『学校防災マニュアル（地震・津波災害）作成の手引』より引用し、一部改変

学校外の多様な主体との連携

○日常からの学校と地域との関係づくりが、不審者情報の迅速な通報など非常時に児童生徒等の命や安全を守ることにつながる。

○学校、家庭、地域、関係機関等が連携・協働に係る体制を構築し、それぞれの責任と役割を分担して取り組む。

連携を図った学校安全対策イメージ

近隣の学校
- 不審者情報の共有
- 災害対応（臨時休業等）の検討
- 事故等発生時のサポート

医療機関等
（病院、保健所、相談所等）
- 治療・カウンセリング
- 学校の衛生管理

地域の関係団体等
- 不審者情報の共有
- 防犯パトロール
- 安全点検・整備

一体となった取組
安全な生活の確保

警察
- 不審者情報の提供
- 要注意箇所の点検
- 防犯パトロール
- 防犯教室・防犯訓練
- 不審者の保護・逮捕等

地域の住民・ボランティア等
- 不審者情報の共有
- 防犯パトロール
- 事故等発生時の避難場所の提供（子供110番の家、子供110番の店等）
- 事故等発生時の安全確保と通報（登下校時、校外学習時）

消防
- 消火・避難訓練
- 救急処置
- 病院への搬送

学校
- 危機管理体制の整備
- 日常における安全確保
- 事故等発生時の安全確保
- 通学路・校内の点検・整備
- 安全教育の推進
- 危機意識の啓発

PTA（保護者）
- 不審者情報の共有
- 通学路の安全点検
- 防犯パトロール
- 事故等発生時における協力
- 児童生徒等への指導

教育委員会
- 危機管理体制に関する指導・助言
- 情報収集と提供
- スタッフの派遣等
- 教職員等の資質向上
- 関係機関・団体等との連絡調整
- 地域住民への啓発活動
- 施設設備等の整備
- 事故・災害時の状況報告に向けた事前検討

自治体危機管理部局
- 防災専門家の紹介
- 避難計画の検討
- 避難所での運営に関する検討

文部科学省『学校の危機管理作成マニュアル作成の手引』より引用し、一部改変

様々な事態を想定した避難計画の策定

〇一般に避難は次の3段階に区分される。
・一次避難（その場で身を守る行動）
・二次避難（校庭や校舎の上階などでの安全確保）
・三次避難（二次避難場所に危険が迫った場合に校外の別の場所への移動）
〇リスクに応じた避難場所及び避難経路を選定する。
〇避難方法を危機管理マニュアルに定め、日頃から確認しておく。

■避難を想定する現象別の一次避難・二次避難・三次避難（例）

事　象	想定される状況等	一次避難 (その場で身を守る)	二次避難 (校庭・上階等へ)	三次避難 (校外へ)
火災	調理室・家庭科室・理科室等からの出火、近隣地域からの延焼	—	〇	〇
地震	地震動による備品の落下、液状化、学校施設の損壊・倒壊	〇	〇	〇
二次災害としての火災	調理室・家庭科室・理科室等からの出火	—	〇	〇
津波	津波被害、浸水	—	〇	〇
風水害	台風、〇〇川の氾濫、高潮、ゲリラ豪雨、内水氾濫	—	〇	〇
土砂災害	△△地域の土砂災害	—	〇	〇
突風、竜巻、雷	突風、竜巻による施設・設備の損傷、落雷による外傷	〇 (屋内退避)	—	—
火山災害	〇〇山の噴火（火砕流、火山灰等）	—	〇	〇
原子力災害	原子力発電所からの放射性物質漏洩	〇 (屋内退避)	—	〇
弾道ミサイル発射	Jアラートによる情報伝達	〇 (屋内退避)	—	—

出典：文部科学省『学校の「危機管理マニュアル」等の評価・見直しガイドライン』

避難先・避難経路検討上の留意点

〇自治体の作成したハザードマップ等を確認して、安全が確保できる避難先を決定（必要に応じて、市町村の防災担当部局等と事前調整・協議）
〇移動にかかる時間を考慮（津波などの想定来襲時間との関係等）
〇避難経路上にあるリスクを把握し考慮（必要に応じて代替となる経路も複数想定）
〇 その場所からさらなる避難をする可能性を考慮

避難方法検討上の留意点

〇移動時の隊列、教職員の配置（児童生徒等を見失わないように）
〇保護者や学校に避難してきた地域住民とともに避難する可能性
〇バス・自家用車等を用いた避難の場合の具体的な手順・方法（火山災害・原子力災害など広域避難が想定される場合）
〇天候や季節により防寒具の必要性

避難計画

※自校の避難計画等の記入、参考資料の貼付用などとしてご活用ください。

避難訓練の目的

〇児童生徒等が安全に避難できるようにすること、避難方法に慣れておくこと。
〇学校として、児童生徒等を確実に避難させて安全を確保できるようにしておくこと。

年間の避難訓練計画（例）

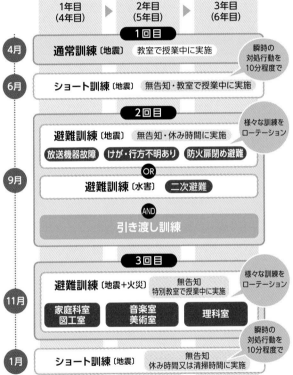

	1年目 （4年目）	2年目 （5年目）	3年目 （6年目）

1回目

4月 　通常訓練〔地震〕　教室で授業中に実施

瞬時の対処行動を10分程度で

6月 　ショート訓練〔地震〕　無告知・教室で授業中に実施

2回目

様々な訓練をローテーション

避難訓練〔地震〕 　無告知・休み時間に実施

放送機器故障　けが・行方不明あり　防火扉閉め避難

OR

避難訓練〔水害〕 　二次避難

AND

引き渡し訓練

9月

3回目

様々な訓練をローテーション

避難訓練〔地震＋火災〕 　無告知　特別教室で授業中に実施

家庭科室図工室　音楽室美術室　理科室

11月

瞬時の対処行動を10分程度で

1月 　ショート訓練〔地震〕　無告知　休み時間又は清掃時間に実施

避難訓練計画の留意事項

●各学校で想定される災害種に合わせて、季節・時間・状況に応じた様々な訓練をローテーションする避難訓練計画を策定し、学校として引き継いでいく。

●登下校時指導、避難所体験など座学や体験型活動も付加的に実施する。

傷病者発生時の対応

傷病者発生

発見者
- 発生した事態や状況の把握
- 傷病者の症状の確認（意識、呼吸、出血等）
- AEDの手配、119番通報（直接又は依頼）
- 心肺蘇生法などの応急手当（現場で直ちに）
  ※現場から119番通報を行った場合は、電話を介した通信指令員の指示に従い救命処置
- 協力要請や指示

※必要と判断したら速やかに119番、110番通報又は、他者へ通報を依頼

状況に応じ、近くの教職員等が通報

近くの教職員又は児童生徒等

校長等（副校長・教頭）
※校長等不在の場合は当面した教職員が対応

指示 → **養護教諭**
報告 ←

指示 → **教職員**
報告 ←

急行 / 複数の教職員が急行、救急補助・連絡等

直ちに設置 → **対策本部（重大な事故等の場合）**

状況に応じ、発見者が直接通報

救急車や警察の出動要請（119番）（110番）

付添 / 搬送

医療機関 ● 処置

状況報告

保護者 **学校医** **教育委員会**

付添者は逐次状況報告

急行

文部科学省『学校の「危機管理マニュアル」等の評価・見直しガイドライン』より引用し、一部改変

被害児童生徒等の保護者への連絡の留意点

- 被害児童生徒等の保護者に対し、事故等の発生（第1報）を可能な限り早く連絡する。その際、事故等の概況、けがの程度など最低限必要とする情報を整理した上で行い、必要であれば第2報以降を予告しておく。
- 被害の詳細や搬送先の医療機関等、ある程度の情報が整理できた段階で第2報を行うとともに、以後、正確かつ迅速な連絡に努める。

※緊急の際の連絡方法を複数確保しておくとともに、搬送車や搬送先を記録しておく。

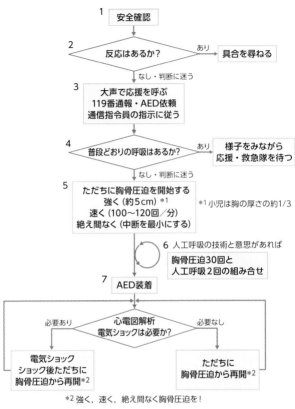

一次救命処置 (BLS) の手順

1 安全確認

2 反応はあるか？ → あり → 具合を尋ねる

↓ なし・判断に迷う

3 大声で応援を呼ぶ
119番通報・AED依頼
通信指令員の指示に従う

4 普段どおりの呼吸はあるか？ → あり → 様子をみながら
応援・救急隊を待つ

↓ なし・判断に迷う

5 ただちに胸骨圧迫を開始する
強く（約5cm）*1
速く（100〜120回／分）
絶え間なく（中断を最小にする）

*1 小児は胸の厚さの約1/3

6 人工呼吸の技術と意思があれば

胸骨圧迫30回と
人工呼吸2回の組み合せ

7 AED装着

心電図解析
電気ショックは必要か？

必要あり ← | → 必要なし

電気ショック
ショック後ただちに
胸骨圧迫から再開*2

ただちに
胸骨圧迫から再開*2

*2 強く，速く，絶え間なく胸骨圧迫を！

8 救急隊に引き継ぐまで，または傷病者に普段どおりの呼吸や
目的のある仕草が認められるまで続ける

（日本蘇生協議会監修：JRC蘇生ガイドライン2020. p.20, 医学書院, 2021）

※本書からこの図を転載することはできません。上記転載元から直接許諾を得てください。

★校内のAEDの設置場所は？

熱中症対策と発生時の対応

熱中症の分類と処方方法

重症度	症　状	対　処	医療機関への受診
	めまい・立ちくらみ・こむら返り・大量の汗	涼しい場所へ移動・安静・水分補給	症状が改善すれば受診の必要なし
	頭痛・吐き気・体がだるい・体に力が入らない・集中力や判断力の低下	涼しい場所へ移動・体を冷やす・安静・十分な水分と塩分の補給	口から飲めない場合や症状の改善が見られない場合は受診が必要
	意識障害（呼びかけに対し反応がおかしい・会話がおかしいなど）・けいれん・運動障害（普段どおりに歩けないなど）	涼しい場所へ移動・安静・体が熱ければ保冷剤などで冷やす	ためらうことなく救急車(119)を要請

消防庁『熱中症対策リーフレット』より引用し、一部改変

熱中症の応急手当（日陰で行う）

熱中症の冷却

飲めるようであれば水分を少しずつ頻繁に取らせる

脇の下、太ももの付け根などを冷やす

■運動に関する指針

気温（参考）	暑さ指数（WBGT）		熱中症予防運動指針
35℃以上	31以上	運動は原則中止	特別の場合以外は運動を中止する。特に子供の場合には中止すべき。
31〜35℃	28〜31	厳重警戒（激しい運動は中止）	熱中症の危険性が高いので、激しい運動や持久走など体温が上昇しやすい運動は避ける。10〜20分おきに休憩をとり水分・塩分の補給を行う。暑さに弱い人※は運動を軽減又は中止。
28〜31℃	25〜28	警戒（積極的に休憩）	熱中症の危険が増すので、積極的に休憩をとり適宜、水分・塩分を補給する。激しい運動では、30分おきくらいに休憩をとる。
24〜28℃	21〜25	注意（積極的に水分補給）	熱中症による死亡事故が発生する可能性がある。熱中症の兆候に注意するとともに、運動の合間に積極的に水分・塩分を補給する。
24℃未満	21未満	ほぼ安全（適宜水分補給）	通常は熱中症の危険は小さいが、適宜水分・塩分の補給は必要である。

※暑さに弱い人：体力の低い人、肥満の人や暑さに慣れていない人など

環境省『熱中症予防情報サイト』より引用し、一部改変

食物アレルギー発生時の対応

アレルギー症状への対応の手順

何らかのアレルギー症状がある (食物の関与が疑われる)	原因食物を食べた (可能性を含む)	原因食物に触れた (可能性を含む)	呼びかけに対して反応がなく、呼吸がなければ心肺蘇生を行う (➡p.25)

緊急性が高いアレルギー症状はあるか? ・ 5分以内に判断する

全身の症状
- □ ぐったり
- □ 意識もうろう
- □ 尿や便を漏らす
- □ 脈が触れにくい
  又は不規則
- □ 唇や爪が青白い

呼吸器の症状
- □ のどや胸がしめ付けられる
- □ 声がかすれる
- □ 犬が吠えるような咳
- □ 息がしにくい
- □ 持続する強い咳込み
- □ ゼーゼーする呼吸
  (喘息と区別できない場合を含む)

消化器の症状
- □ 持続する(がまんできない)強いお腹の痛み
- □ 繰り返し吐き続ける

1つでも当てはまる場合 / **ない場合**

緊急性が高いアレルギー症状への対応

① 直ちにエピペン®を使用する
② 救急車を要請する(119番通報)
③ その場で安静にする(下記の安静を保つ体位参照)
④ その場で救急隊を待つ
⑤ 可能なら内服薬を飲ませる

反応がなく呼吸がない → 心肺蘇生を行う

エピペン®が2本以上ある場合(呼びかけに対する反応がある)
エピペン®を使用し10~15分後に症状の改善がみられない場合、次のエピペン®を使用する

反応がなく呼吸がない

内服薬を飲ませる
(　　　　　　　　　)
(　　　　　　　　　)

↓

安静にできる場所へ移動する

↓

少なくとも5分ごとに症状を観察する
症状チェックシートに従い判断し対応する
緊急性の高い症状の出現には特に注意する

安静を保つ体位

ぐったり・意識もうろうの場合	吐き気・おう吐がある場合	呼吸が苦しく仰向けになれない場合
血圧が低下している可能性があるため仰向けで足を15~30cm高くする	おう吐物による窒息を防ぐため顔と体を横に向ける	呼吸を楽にするため上半身を起こし後ろに寄りかからせる

出典:環境再生保全機構ERCA(エルカ)『食物アレルギー緊急時対応マニュアル』を加工して作成

「エピペン®」ウェブサイト
https://www.epipen.jp/

不審者侵入事案発生時の対応

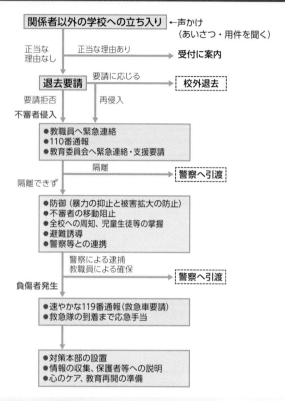

関係者以外の学校への立ち入り ← 声かけ
（あいさつ・用件を聞く）

正当な理由なし　正当な理由あり → 受付に案内

退去要請　要請に応じる → 校外退去

要請拒否　再侵入
不審者侵入

- 教職員へ緊急連絡
- 110番通報
- 教育委員会へ緊急連絡・支援要請

隔離 → 警察へ引渡

隔離できず

- 防御（暴力の抑止と被害拡大の防止）
- 不審者の移動阻止
- 全校への周知、児童生徒等の掌握
- 避難誘導
- 警察等との連携

警察による逮捕
教職員による確保 → 警察へ引渡

負傷者発生

- 速やかな119番通報（救急車要請）
- 救急隊の到着まで応急手当

- 対策本部の設置
- 情報の収集、保護者等への説明
- 心のケア、教育再開の準備

【不審者対応の留意事項（例）】
- 原則として1人では対応せず、応援を得て2人以上で対応する。
- 手を伸ばしても届かないよう、相手との距離を保つ。
- 児童生徒等から不審者をできるだけ遠ざける。
- 相手に背を向けない。相手が持っている荷物等から目を離さない。
- 別室へ案内する場合は、相手を部屋の奥へ案内し、教職員は入口付近に位置して、出入口を開放する（避難経路の確保）。
- 警報ブザー・ホイッスルの使用、110番通報などをためらわない。
- 目の前の状況だけで判断しない（すでに校内の別の場所で事件発生の可能性もある）。
- 防御は、不審者の取り押さえを目的とせず、児童生徒等に近付けずに、警察の到着を待つ。

出典：文部科学省『学校の「危機管理マニュアル」等の評価・見直しガイドライン』

学校への犯罪予告等への対応

不審電話の入電

電話対応

- 気付かれないよう注意しつつ、周辺の教職員に合図(事前に決めておく)で知らせ、電話機のスピーカー機能を入れる。
- 周辺教職員はICレコーダを持ち出し、録音を開始する。
- 電話対応者、周辺教職員のそれぞれが必ずメモを取る。
- 落ち着いて、以下の事項をできるだけ詳しく聴き取る。

爆発物等について
- いつ爆発するか、どこにあるか
- どのようなものか(形状、大きさ等)
- 仕掛けた理由、要求(動機等)

相手の特徴
- 性別・年齢(子供、成年、老年等)
- 声の特徴(高さ・質、方言の有無等)
- 周囲の環境音(電車走行音、駅等のアナウンス音等)

校内での不審物発見

周辺立入禁止措置等

- ◆絶対に不審物には触らない。
- 付近の児童生徒等に遠ざかるよう指示。
- 応援を求め、校長への報告を依頼。

校長(不在の場合は代行者)へ報告

→ **警察(110番)通報**

→ **教育委員会に第一報**

児童生徒等・教職員等に、以下の対応を指示
※速やかに保護者に「一斉メール」で連絡

	登校前	在校中	登下校時
児童生徒等	自宅待機	避難場所へ集合→集団下校	登下校中の児童生徒等は帰宅 学校にいる児童生徒は、避難場所へ集合→集団下校
教職員	避難場所へ集合	避難場所へ集合→通学路の巡回	避難場所へ集合→通学路の巡回

◆教職員による捜索・点検等は実施しない

危害予告・不審物発見時の避難場所
- 第一候補:
- 第二候補:

事後対応	●安否確認 ●集団下校等 ●保護者、報道機関対応(必要に応じて) ●心のケア

文部科学省『学校の「危機管理マニュアル」等の評価・見直しガイドライン』より引用し、一部改変

交通事故発生時の対応

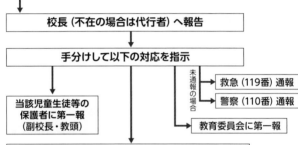

交通事故発生の第一報

電話等の聴き取り

- 連絡者を落ち着かせながら、右記の事項を聴き取る。
- 聴き取り内容は、復唱しながら確認し、必ずメモを取る。周囲の教職員は内容把握に努める。

聴き取り項目

- 児童生徒等本人及び相手方の被害（けが等）の程度
- 事故の発生場所、発生時刻
- 事故相手の氏名、連絡先
- 事故の状況（概要）
- 加害事故、被害事故の別
- 救急車の手配状況、搬送先
- 110番通報の有無

校長（不在の場合は代行者）へ報告

手分けして以下の対応を指示

未通報の場合 →
救急（119番）通報
警察（110番）通報

当該児童生徒等の保護者に第一報（副校長・教頭）

教育委員会に第一報

現場急行（教職員）※必ず複数で対応

救急手配・搬送未了	救急搬送済み
●事故現場へ急行（救急セット、連絡用携帯電話を携行） ●負傷者等の応急手当 ●現場周辺にいる他児童生徒等への対応（安全確保、当面の行動指示等） ●警察への対応（可能な範囲で警察等からの情報収集） ●（必要に応じ）救急車同乗 ●学校への状況報告	●搬送先へ急行（連絡用携帯電話を携行） ●負傷者等の容態把握 ●警察への対応（可能な範囲で警察からの情報収集） ●学校への状況報告

現場からの情報をもとに、以後の対応を判断

◆複数児童生徒等の被災など、重大・深刻な事故の場合は、事故災害対策本部を設置し、組織的対応の体制を取る

事後対応	●児童生徒等への説明（状況に応じ集団下校等） ●保護者、報道機関対応（必要に応じて） ●心のケア

文部科学省『学校の「危機管理マニュアル」等の評価・見直しガイドライン』より引用し、一部改変

火災発生時の対応

火災発生

発見者
- 大声で周囲に伝え協力要請
- 発生の事態や状況の把握
- 近くの児童生徒等の安全確保

初期消火
（消火不可能の場合避難）

近くの教職員
- 職員室へ緊急事態発生の通報

消防署通報（119番）
例）「火事です。」「○○学校です。」「2階調理室のガスコンロから出火。現在初期消火中（消火不可能）です。」「負傷者○名、逃げ遅れた者○名います。」

校長・副校長・教頭
- 状況確認
- 対応、指示
- 教職員への第一報
- 安全確認後連絡報告

火災の規模にかかわらず報告

非常持出品の確保

緊急避難命令
例）「2階調理室から出火です。」「出火元を避けて、速やかにグラウンド（雨天は体育館）に避難してください。」

大火災の時

校長が発令

児童生徒等・教職員避難

移動	授業中は授業担当教員が指示。休み時間は担任が直行する。
誘導	授業のない教員が誘導。休み時間は副担任があたる。
救護	養護教諭を中心に担任以外の教員であたる。

押さない　走らない　しゃべらない　戻らない　煙に注意！

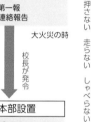

対策本部設置
- 救援活動指令
- 情報収集、整理
- 教育委員会への状況報告
- 外部（マスコミ等）及び保護者対応
- 避難解除・教育再開
- 再発防止対策

避難場所（安全確認）
○人員点呼・負傷者確認→校長に報告→担任は自分のクラスへ
○消防到着後は消防署の指示に従う。また、児童生徒等の動揺を抑え、対策本部の指示を待つ。
○負傷者の対応（➡p.24）

屋内消火栓の使用方法

1号消火栓
①ポンプの起動ボタンを押す
③バルブを開ける（全開）
②ホースをのばす

2号消火栓（1人で使える）
③ノズルの開閉弁を開ける
①開閉弁を開ける
②ホースをのばす

地震発生時の対応（在校時）

安全確保
安全点検
- 「落ちてこない・倒れてこない・移動してこない」場所で安全確保
- 児童生徒等への安全確保指示・声かけ（頭部を保護、机の下にもぐる、机の脚を持つ）
- 火気使用中は揺れがおさまった後、直ちに火の始末
- ガス元栓の閉鎖、化学薬品や石油類等の危険物確認

情報収集
- ラジオ、スマートフォン、インターネット、防災無線等により、震源地、震度、津波（到達予想時刻、予想される津波の高さ（➡p.59））等に関する情報を収集
  →以後も津波関連情報、地域の被害情報等の収集を継続
- 避難場所や避難経路が危険な場合は最も安全な避難場所を決定

避難指示
- 校内放送（通電時）、ハンドマイク（停電時）で児童生徒等に避難指示

避難誘導
- 避難前に人員確認（トイレ、保健室、特別教室棟にいる児童生徒等の所在に留意）
- 「押さない・走らない・しゃべらない・もどらない（おはしも）」の約束に従い避難
- 非常持出品を搬出
- 自力で避難できない児童生徒等の介助

安否確認
- 避難場所にて整列させ、人数と安否を確認
- 安否確認できない児童生徒等の捜索
- 負傷者の確認、応急手当実施

対策本部
設置
- 本部長等（校長、副校長、教頭）の指示により役割分担に従って行動
- 必要に応じて避難住民の対応

被害状況
確認
- 津波浸水の危険、近隣火災の延焼、液状化等の危険性を確認
- 一次避難場所が危険な場合は、二次避難場所に誘導
- 施設、通学路等の被害状況を確認し、本部に報告
- 危険箇所があった場合の応急措置、立入禁止措置（張り紙・ロープ等）

事後の
対応処置
- 本部で、被害状況を総合的に判断し、授業再開、下校の判断、保護者への引き渡し、学校での保護等の措置について決定
- 対応措置について所管教育委員会へ報告・協議
- 保護者へ連絡（一斉メール、電話、学校Webサイト等）

地震発生時の対応（登下校時）

安全確保
- 建物からの落下物、ブロック塀等の倒壊から逃れるため、頭部を保護し、「落ちてこない・倒れてこない・移動してこない」場所で安全確保
- 揺れがおさまったら、危険な場所（下記参照）から速やかに遠ざかるようにして、安全な場所へ避難【出勤途中、帰宅途中も含め】
- 学校にいる児童生徒等には、落下物、転倒物、ガラスの飛散から身を守らせる。

情報収集
- 震源地、震度、津波（到達予想時刻、予想される津波の高さ（➡p.59）等に関する情報を収集
  →以後も津波関連情報、地域の被害情報等の収集を継続
- 津波注意報・警報等が発表された場合は、自らの判断で安全な場所へ避難

対策本部設置
- 本部長等（校長、副校長、教頭）の指示により役割分担に従って行動
- 児童生徒等の安否確認を最優先

安否確認
- 学校に避難した児童生徒等の安否確認は、在校時の対応を基本とする。
- 児童生徒等の所在を確認（登校している・していない）
- 保護者へ連絡（一斉メール、電話、学校Webサイト等）
- 必要に応じて、通学路、避難場所を回り、安否を確認

被害状況確認
- 施設、通学路等の被害状況を確認し、本部に報告
- 危険箇所があった場合の応急措置、立入禁止措置（張り紙・ロープ等）

事後の対応処置
- 児童生徒等全員の安否確認後、授業実施、休校措置と登校している児童生徒等の下校方法、保護者への引き渡し、学校での保護措置等について、保護者へ連絡
- 対応措置について所管教育委員会へ報告・協議
- 保護者へ連絡（一斉メール、電話、学校Webサイト等）

【危険な場所（例）】
古い建物や建設中の建物、傾いたブロック塀や石塀、自動販売機、ひび割れた道路や狭い道路、火災現場、倒れた電柱、垂れ下がった電線等

地震発生時の対応（校外活動時・在宅時）

校外活動時のフロー

安全確保
- 落下物、転倒物、ガラスの飛散から身を守るため、頭部を保護し、「落ちてこない・倒れてこない・移動してこない」場所で安全確保
- 地形や周囲の状況を判断して、安全確保を指示
- 班別行動中の場合は、安否活動と保護活動を実施
- 交通機関（公共交通機関も含む）を利用している場合は、乗務員等の指示、放送等による指示、誘導に従う。

情報収集
- 震源地、震度、津波（到達予想時刻、予想される津波の高さ（➡p.59））等に関する情報を収集
  →以後も津波関連情報、地域の被害情報等の収集を継続

安否確認
- 活動場所や避難場所を巡回し、所在・安否を確認
- 教職員が近くにいない場合は、班の代表者が緊急連絡先（教職員の携帯電話等）へ連絡

事後の対応処置
- 被害状況、児童生徒等・教職員の安否状況等を学校に連絡しながら対応（復路の状況把握指示、帰宅方法、帰宅時刻の指示）
- 全員の安否確認後、活動状況の可否を判断し、児童生徒に伝達
- 必要に応じて保護者へ連絡（一斉メール、電話、学校Webサイト等）
- 対応措置について所管教育委員会へ報告・協議

在宅時のフロー

対策本部設置
- 本部長等（校長、副校長、教頭）の指示により担当業務に従事
  ※自らが被災（家族、家屋が被害）した場合は、自らの安全を確保した上で校務にあたる。
- 必要に応じて避難住民の対応にあたる。

安否確認
- 教職員の安否確認
- 児童生徒等の安否確認（一斉メール、電話等）
- クラスごとに人数と安否を確認し、本部へ報告
  担任 → 学年主任 → 副校長、教頭 → 本部長（校長）

被害状況確認
- 施設、通学路等の被害状況を確認し、本部に報告
- 危険箇所があった場合の応急措置、立入禁止措置（張り紙・ロープ等）

事後の対応処置
- 対応措置について所管教育委員会へ報告・協議
- 保護者へ連絡（一斉メール、電話、学校Webサイト等）

気象災害・土砂災害時の対応（発生前）

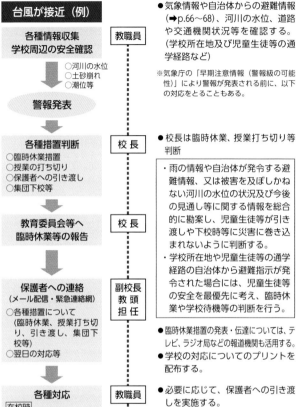

台風が接近（例）		
各種情報収集 **学校周辺の安全確認**	教職員	●気象情報や自治体からの避難情報（➡p.66〜68）、河川の水位、道路や交通機関状況等を確認する。（学校所在地及び児童生徒等の通学経路など） ※気象庁の「早期注意情報（警報級の可能性）」により警報が発表される前に、以下の対応をとることもある。

○河川の水位
○土砂崩れ
○潮位等

警報発表

各種措置判断 ○臨時休業措置 ○授業の打ち切り ○保護者への引き渡し ○集団下校等	校　長	●校長は臨時休業、授業打ち切り等判断 ・雨の情報や自治体が発令する避難情報、又は被害を及ぼしかねない河川の水位の状況及び今後の見通し等に関する情報を総合的に勘案し、児童生徒等が引き渡しや下校時等に災害に巻き込まれないように判断する。
教育委員会等へ **臨時休業等の報告**	校　長	・学校所在地や児童生徒等の通学経路の自治体から避難指示が発令された場合には、児童生徒等の安全を最優先に考え、臨時休業や学校待機等の判断を行う。
保護者への連絡 （メール配信・緊急連絡網） ○各種措置について （臨時休業、授業打ち切り、引き渡し、集団下校）等 ○翌日の対応等	副校長 教　頭 担　任	●臨時休業措置の発表・伝達については、テレビ、ラジオ局などの報道機関も活用する。 ●学校の対応についてのプリントを配布する。
各種対応 <u>在校時</u> ○授業打ち切り ○保護者への引き渡し・待機 ○集団下校 <u>在宅時</u> ○臨時休業措置 ○時間指定登校　等	教職員	●必要に応じて、保護者への引き渡しを実施する。 ●引き渡しまで時間を要する場合は、学校に待機させる。 ●保護者以外への引き渡しについては、事前に確認しておく。

警報解除

宮城県『改訂版　学校防災マニュアル作成ガイド』より引用し、一部改変

気象災害・土砂災害時の対応（発生時）

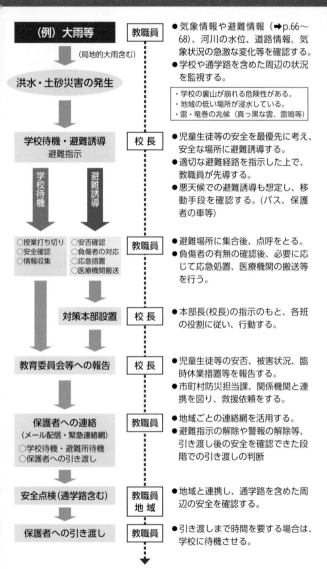

（例）大雨等	教職員	● 気象情報や避難情報（➡p.66〜68）、河川の水位、道路情報、気象状況の急激な変化等を確認する。 ● 学校や通学路を含めた周辺の状況を監視する。
（局地的大雨含む）		
洪水・土砂災害の発生		・学校の裏山が崩れる危険性がある。 ・地域の低い場所が浸水している。 ・雷・竜巻の兆候（真っ黒な雲、雷鳴等）
学校待機・避難誘導 避難指示	校 長	● 児童生徒等の安全を最優先に考え、安全な場所に避難誘導する。 ● 適切な避難経路を指示した上で、教職員が先導する。 ● 悪天候での避難誘導も想定し、移動手段を確認する。（バス、保護者の車等）
学校待機 ○授業打ち切り ○安全確認 ○情報収集　　**避難誘導** ○安否確認 ○負傷者の対応 ○応急措置 ○医療機関搬送	教職員	● 避難場所に集合後、点呼をとる。 ● 負傷者の有無の確認後、必要に応じて応急処置、医療機関の搬送等を行う。
対策本部設置	校 長	● 本部長(校長)の指示のもと、各班の役割に従い、行動する。
教育委員会等への報告	校 長	● 児童生徒等の安否、被害状況、臨時休業措置等を報告する。 ● 市町村防災担当課、関係機関と連携を図り、救援依頼をする。
保護者への連絡 （メール配信・緊急連絡網） ○学校待機・避難所待機 ○保護者への引き渡し	教職員	● 地域ごとの連絡網を活用する。 ● 避難指示の解除や警報の解除等、引き渡し後の安全を確認できた段階での引き渡しの判断
安全点検（通学路含む）	教職員 地域	● 地域と連携し、通学路を含めた周辺の安全を確認する。
保護者への引き渡し	教職員	● 引き渡しまで時間を要する場合は、学校に待機させる。

宮城県『改訂版　学校防災マニュアル作成ガイド』より引用し、一部改変

雷・竜巻等が想定される場合の対応

竜巻注意情報発表時

各種情報収集
発達した積乱雲に注意

| | 教職員 |

- 気象情報（→p.67）を確認し、空の様子をみて発達した積乱雲が近づいているか確認する。
- ※「発達した積乱雲が近づく兆し」
- ・真っ黒い雲が近づき周囲が急に暗くなる
- ・雷鳴が聞こえたり、雷光が見えたりする
- ・ヒヤッとした冷たい風が吹き出す
- ・大粒の雨や「ひょう」が降り出す

「竜巻」が間近に迫ったら

| | 校　長
防災担当職員 |

| | 教職員 |

- 校長は、校内放送等で緊急事態を全教職員及び児童生徒等に知らせる。
- 児童生徒等に指示をして、安全な場所を確保し、安全な態勢を取らせる。

学校にいるとき

○教室にいる場合
- ・窓を閉め（鍵をかける）、カーテンを閉める。
- ・出入り口のドアを閉める。
- ・窓から離れる。【大きなガラス窓の下や周囲は危険】
- ・帽子をかぶったり、机の下に入ったりするなど、身を小さくして頭を守る。

○教室以外の校舎にいる場合
※特別教室は教室と同じ対応
- ・壁の近くなど、物陰に入って身を小さくする。

※廊下等にいる場合は、窓から離れた場所に身を隠すように指示する。

○屋外にいる場合
- ・校舎など丈夫な建物に避難する。【物置やプレハブの中は危険】

- 児童生徒等を素早く校舎内へ誘導し、安全確保に努める。

登下校中のとき
急変が予想される場合は、登下校を控える。

〈万が一登下校時に遭遇した場合〉
- ・近くの丈夫な建物に避難する。
- ・建物に避難できない場合は、くぼみなどに身を伏せる。【電柱や太い樹木も倒壊する危険があるので、近寄らない】

| | 教職員 |

| ○児童生徒等に竜巻が発生したときの対応の仕方について、事前に確認しておく。
○自宅においての対応の仕方についても事前に確認しておく。 |

| ◇雷鳴が聞こえたり、雷光が見えたりした場合は、屋外での活動は中止し、建物等の安全な場所に避難する。
◇安全第一、しばらく避難が原則である。 |

※気象情報をこまめに確認するとともに、空の様子に注意する。

「竜巻」が過ぎたら

| | 校　長
防災担当職員 |

- 児童生徒等の状況（けが等）を確認するとともに、校舎の状況について確認する。

宮城県『改訂版　学校防災マニュアル作成ガイド』より引用し、一部改変

火山災害時の対応

噴火警報発表

各種情報収集 状況の確認
教職員

- 対象火山に関する情報を収集し、ハザードマップ等を確認して、学校へ影響の及ぶ可能性のある火山現象に応じた適切な措置をとる。
- 市町村防災担当課（災害対策本部）、所管教育委員会との連絡を密にする。

緊急放送
担当職員

> 例：△△山の噴火警報（火口周辺）が発表されました。児童生徒等のみなさんは教室で静かに待機してください。

児童生徒等の安全確保 （屋内待機）
教職員

- 学校に影響が及ぶ可能性のある場合は、直ちに教室等の室内に移動させる。

対策本部設置
校長

- 本部長（校長）の指示に従って、各業務にあたる。

関係機関との連携・判断
○都道府県（市町村）災害対策本部
○都道府県（市町村）教育委員会
○医療機関、防災組織 等

副校長 教頭 担当職員

- 風向きを確認して、噴火による噴出物の影響に備える。
- 二次避難場所までの移動経路及び手段を確認する。
- 登下校中の児童生徒等を含め、児童生徒等の所在を確認する。

保護者への連絡 （メール配信・緊急連絡網）
○各種措置について（臨時休業、授業打ち切り、引き渡し、集団下校等）
○翌日の対応等

教職員

- 各種情報（気象情報等）も考慮し、下校時の措置（引き渡し、集団下校）を判断する。

噴火警戒レベル4
キーワード：高齢者等避難
とるべき行動：警戒が必要な居住地域での避難準備等が必要

噴火警戒レベル5
キーワード：避難
とるべき行動：危険な居住地域からの避難等が必要

※噴火警戒レベルを導入していない火山では、キーワード「居住地域厳重警戒」として発表される。
（➡p.69）

避難指示発令

噴火警報
（噴火警戒レベル4又は5 あるいは居住地域厳重警戒）
校長

- 災害対策本部に対し、職員等の派遣を依頼する。

二次避難
教職員

- 引き渡しまで時間を要する場合は、市町村防災担当課（災害対策本部）の指示に従い、二次避難場所に移動させる。

保護者への引き渡し

宮城県『改訂版 学校防災マニュアル作成ガイド』より引用し、一部改変

原子力災害発生時の対応

○原子力発電所において事故等が発生した場合、事故等の状況に応じて、あらかじめ定められた判断基準に基づき、事業者が国・都道府県・市町村へ緊急事態区分（警戒事態（AL）、施設敷地緊急事態（SE）、全面緊急事態（GE）の三つに区分）を連絡する。

○原子力災害発生時には、学校独自の判断で対応せずに都道府県又は市町村災害対策本部の指示に従って行動する。ただし、自然災害との複合災害の場合には、生命の安全確保のための行動を優先する。

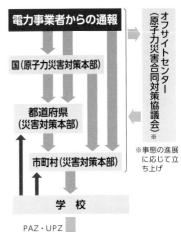

電力事業者からの通報

オフサイトセンター（原子力災害合同対策協議会）※

国（原子力災害対策本部）

都道府県（災害対策本部）

市町村（災害対策本部）

※事態の進展に応じて立ち上げ

学 校

PAZ・UPZ

AL 帰宅・保護者引き渡し

PAZ　　　　　　　　　　　UPZ

SE 避 難

引き渡しできなかった場合は、学校等より教職員とともに避難

GE　　　　　　　　屋内退避

引き渡しできなかった場合は、学校等で屋内退避

（放射性物質放出後）屋内退避の継続

避難・一時移転

●空間放射線量率が上昇し、避難・一時移転指示があった地域のみ実施

●引き渡しできなかった場合は、学校等より教職員とともに避難

　〈防護措置に係る指示〉

　〈引き渡し状況等の報告〉

　〈事態の進展に伴う学校の対応の流れ〉

PAZ：原子力発電所から概ね5km圏内
UPZ：原子力発電所から概ね5〜30km圏内

宮城県『改訂版　学校防災マニュアル作成ガイド』より引用し、一部改変

弾道ミサイル発射等への対応

○弾道ミサイルが発射され日本に飛来するおそれがある場合、全国瞬時警報システム（Ｊアラート）を介して、市町村の防災行政無線（屋外スピーカー等）や携帯電話のエリアメール・緊急速報メールで、特殊な警報サイレン音とともにメッセージが流される。

○我が国に対する外部からの武力攻撃が発生した事態、又は発生する明白な危険が迫っている事態を「武力攻撃事態」といい、「国民の保護に関する基本指針」では、着上陸侵攻、弾道ミサイル攻撃、ゲリラ・特殊部隊による攻撃、航空攻撃の４類型を想定している。

Ｊアラートによる情報伝達と学校における避難行動（例）

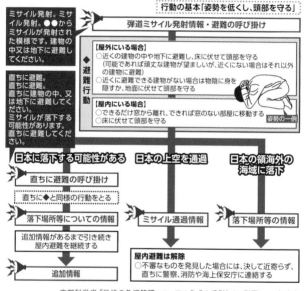

ミサイル発射。ミサイル発射。●●から
ミサイルが発射された模様です。建物の
中又は地下に避難してください。

直ちに避難。直ちに避難。直ちに建物の中、又は地下に避難してください。ミサイルが落下する可能性があります。直ちに避難してください。

行動の基本「姿勢を低くし、頭部を守る」

◆避難行動

弾道ミサイル発射情報・避難の呼び掛け

【屋外にいる場合】
○近くの建物の中や地下に避難し、床に伏せて頭部を守る（可能であれば頑丈な建物が望ましいが、近くにない場合はそれ以外の建物に避難）
○近くに避難できる建物がない場合は物陰に身を隠すか、地面に伏せて頭部を守る

【屋内にいる場合】
○できるだけ窓から離れ、できれば窓のない部屋に移動する
○床に伏せて頭部を守る

姿勢の一例

日本に落下する可能性がある

直ちに避難の呼び掛け

直ちに←と同様の行動をとる

落下場所等についての情報

追加情報があるまで引き続き屋内避難を継続する

追加情報

日本の上空を通過

ミサイル通過情報

日本の領海外の海域に落下

落下場所等の情報

屋内避難は解除
○不審なものを発見した場合には、決して近寄らず、直ちに警察、消防や海上保安庁に連絡する

文部科学省『学校の危機管理マニュアル作成の手引』より引用し、一部改変

付近にミサイルが落下した場合

○換気扇を止める、窓に目張りをするなど室内を密閉する	○口・鼻をハンカチ等で覆い、密閉性の高い建物の中、又は風上方向へ避難

文部科学省『学校の「危機管理マニュアル」等の評価・見直しガイドライン』より引用し、一部改変

内閣官房 国民保護ポータルサイト
「国民保護に係る警報のサイレン音」
https://www.kokuminhogo.go.jp/data/siren.mp3

※自校の対応フロー等の記入、参考資料の貼付用などとしてご活用ください。

※自校の対応フロー等の記入、参考資料の貼付用などとしてご活用ください。

※自校の対応フロー等の記入、参考資料の貼付用などとしてご活用ください。

※自校の対応フロー等の記入、参考資料の貼付用などとしてご活用ください。

集団下校・引き渡しと待機

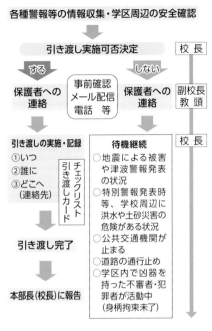

各種警報等の情報収集・学区周辺の安全確認

↓

引き渡し実施可否決定 　校 長

する	しない
保護者への連絡	保護者への連絡

事前確認
メール配信
電話 等

副校長
教 頭

引き渡しの実施・記録
①いつ
②誰に
③どこへ
（連絡先）

チェックリスト
引き渡しカード

校 長

待機継続
○地震による被害や津波警報発表の状況
○特別警報発表時等、学校周辺に洪水や土砂災害の危険がある状況
○公共交通機関が止まる
○道路の通行止め
○学区内で凶器を持った不審者・犯罪者が活動中（身柄拘束未了）

↓

引き渡し完了

↓

本部長（校長）に報告

- 各種情報を確認し、引き渡し後に被害に合わないよう安全の可否を判断する。
- 情報だけにとらわれず、目視して状況を確認する。
- 引き渡し実施可否の判断は、校長が行う。
- 発災後、電話、メールが使用できなくなることから、事前に、文書等でとり決めておくことが必要である。
- 保護者に対しても災害に関する情報を提供し、児童生徒等を引き渡さず、保護者とともに学校にとどまることや避難行動を促すこともある。
- 保護者以外の引き渡しについては、事前に確認しておく。（個人カードの中に引き渡し者を明記するなど）

宮城県『改訂版　学校防災マニュアル作成ガイド』より引用し、一部改変

校外で引き渡す場合の流れ

1. 引き渡しが可能かどうか判断する。（二次災害の危険の有無等）
2. 学校に戻って引き渡す場合と現地で引き渡す場合でどちらが安全かを判断する。
3. 現地で引き渡す場合は、学校と連絡をとり、保護者に引き取りに来てもらう。方法は、校内の引き渡しと同様にする。

※校外に出る場合はあらかじめ引き取り可能な場所について検討し、保護者にも周知しておくとよい。

■地震・津波発生時の判断基準

		引き渡しのルール（例）		津波浸水地域での引き渡しの可否（例）	
学校を含む地域の震度	震度5弱以上	○保護者が来るまで学校に待機させる。 ○時間がかかっても保護者が来るまでは、児童生徒等を学校で保護しておく。	津波に関する警報・注意報	大津波警報 津波警報	保護者への引き渡しをしない 警報が解除され、安全が確保された後に引き渡す。
	震度4以下	○原則として下校させる。 ○事前に保護者から届けがあったり、連絡があったりした場合は、学校で待機させ、保護者への引き渡しを待つ。		津波注意報	津波の到達予想時刻等を考慮して引き渡しを判断する

■風水害時の判断基準

警戒レベル	雨の情報 【気象庁から発表】	避難の情報 【自治体が発令】	学校の対応 活動内容	
			□在校時	■夜間や休業時
1	台風情報 早期注意情報（警報級の可能性）		□教職員の連絡体制確認	
2	大雨注意報 洪水注意報 キキクル（注意）		□洪水予報等の情報収集	■洪水予報等の情報収集
3	大雨注意報（夜間から翌日早朝に大雨警報（土砂災害）に切り替える可能性が高い注意報） 洪水警報 大雨警報（土砂災害） キキクル（警戒）	高齢者等避難	□気象情報、交通情報等を基に総合的に対応を判断（状況に応じて授業打ち切り、児童生徒等帰宅の是非等） □保護者への対応の事前連絡 □資機材の準備 （□避難誘導）	■登校時に危険であるなど事前の判断が可能で、校長が必要と認めた場合は臨時休業（公共交通機関が計画運休の場合も同様） ■教職員は自宅待機（状況により出勤の連絡）
4	土砂災害警戒情報 キキクル（危険）	避難指示	□情報収集 □避難誘導（各教室）及び待機 □保護者が迎えに来られない場合や、居住地及びその途中が危険な場合は学校待機 □施設・設備等の点検、被害状況を把握	■臨時休業（登校時に危険であるなど事前の判断が可能な場合） ■児童生徒等の居住地における避難情報を踏まえ、安全確保を最優先にした対応 ■教職員は自宅待機（状況により出勤の連絡） ■児童生徒等及び教職員の安否確認（電話やメール等）
5	大雨特別警報 キキクル（災害切迫）	緊急安全確保	□避難完了済	■臨時休業

宮城県『改訂版　学校防災マニュアル作成ガイド』より引用し、一部改変

※自校の対応フロー等の記入、参考資料の貼付用などとしてご活用ください。

保護者・教職員・関係機関等との連絡体制

○複数の連絡手段を準備し、迅速に連絡調整を行う。
○児童生徒等はプライバシー等の問題もあるため、電話網の使用は緊急時に限定するなど留意する。
○児童生徒等の連絡先は学校外で調べられる仕組みを準備しておく（教育委員会に名簿の写しを預けるなど）。
○他の手段が使えない場合の対策としてSNSの活用も考えられる。

■主な連絡手段と特徴

手　段	特　徴
緊急電話網	直接多くの情報を伝えられる
メール配信	返信がないと安否が不明
学校Webサイト	一斉に多くの情報を伝えられる 既読システムが必要 登校・出勤可能かどうか把握できる
SNS（Twitter・LINE等）	一斉に情報を伝えられる 電話、学校のインターネットとも不通の場合、教職員の個人スマートフォンからも操作できる
災害用伝言ダイヤル（171） 災害用伝言板（web171）	電話がつながりにくいときに有効 全国から内容を確認できる 体験利用を使った訓練も可能
家庭訪問 避難所訪問	限られた地区で有効 被害状況、健康状況を確認できる
貼り紙	掲示場所を決めておくことで、情報を伝えられる

災害用伝言ダイヤル（171）

1 7 1 をダイヤル

伝言を「録音」する場合　　伝言を「再生」する場合

1 を入力　　　　**2** を入力

連絡をとりたい人の
自宅や携帯電話番号を入力

伝言を録音　　　　伝言を再生

災害用伝言板（web171）

公式メニューや専用アプリから
災害用伝言板 にアクセス

伝言を「登録」する場合　　伝言を「確認」する場合

「登録」を選択　　　「確認」を選択

100文字以内のコメントを入力して登録

確認したい人の携帯電話番号を入力して検索

安否確認メールフォーム（例）

- あらかじめ配信内容を準備しておく。
- 児童生徒は、保護者が返信する場合があることを考慮する。

教職員用（例）

件名：【重要】安否確認メール
本文：
各位
○○学校防災担当係です。
震度5強の地震が発生しました。
まずは身の安全を確保してください。
その後、下記URLをクリックして、安否状況の登録をお願いします。
↓
回答ページ（https://…）

該当項目にチェックしてください。

1. 本人の状況
   ○無事　○軽傷　○重傷
2. 家族の状況
   ○無事　○軽傷　○重傷
3. 現在の居場所
   ○自宅　○避難所　○移動中
   ○その他
4. 出勤の可否
   ○出勤が可能　○出勤が不可能
5. 出勤可能な場合の交通手段
   ○電車　○バス　○車
   ○自転車　○徒歩
6. 自宅の状況
   ○住める　○住めない
   ○未確認（不明）
7. 連絡事項
   何か伝えたいことがありましたら記入してください。

児童生徒等用（例）

件名：【重要】安否確認メール
本文：
各位
○○学校です。
震度5強の地震が発生しました。
まずは自分の安全を確保してください。
その後、下記URLをクリックして、安否状況の登録をお願いします。
↓
回答ページ（https://…）

該当項目にチェックしてください。

1. あなた（児童生徒等本人）の状況
   ○無事　○軽傷　○重傷
2. 家族の状況
   ○無事　○軽傷　○重傷
3. 現在いるところ
   ○自宅　○避難所　○移動中
   ○その他
4. 連絡事項
   何か伝えたいことがありましたら記入してください。

※自校の対応フロー等の記入、参考資料の貼付用などとしてご活用ください。

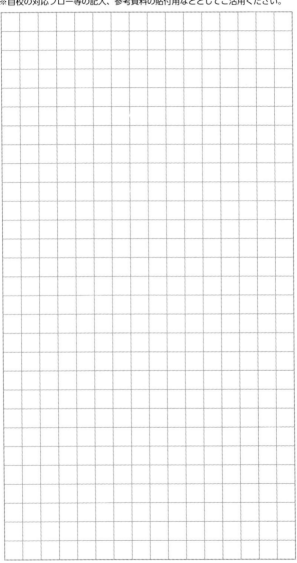

学校が避難所となる場合の対応

■避難施設の種類

・災害対策基本法の規定により、市町村が「緊急避難場所」と「避難所」を指定する。
・公立の小中学校などが指定される避難施設として、次のような種類がある。

指定緊急避難場所	災害の危険から命を守るために緊急的に避難をする施設又は場所。土砂災害、洪水、津波、地震等の災害種別ごとに指定されている。
指定避難所	災害の危険があり避難した住民等が、災害の危険がなくなるまで必要な期間滞在し、又は災害により自宅へ戻れなくなった住民等が一時的に滞在することを想定した施設。
福祉避難所	指定避難所のうち、高齢者、障害者、乳幼児その他の要配慮者を対象とした避難所。近年、特別支援学校等が指定される事例も見られる。

※指定緊急避難場所と指定避難所は、同じ施設がこれを兼ねることもある。

出典：文部科学省『学校の「危機管理マニュアル」等の評価・見直しガイドライン』

大規模災害時等の学校における避難所運営

原則は
・避難所の運営は、市町村の防災担当部局等の市町村職員が責任を負うもの
・教職員は、児童生徒等の安全確保と学校教育活動の早期正常化に注力

過去の大規模災害の経験を踏まえると
・発災直後から市町村の職員だけで運営体制を整えることは困難
・発災から一定期間は開設から運営を教職員が支援することが求められる。

教職員が避難所運営に協力し、円滑に市町村又は住民の自主運営に移行すれば、早期の学校再開につながり、児童生徒等がいち早く日常生活を取り戻すことができる。

学校が避難所となる場合の対応

運営協力体制

```
┌─────────────────────────┐        ┌─────────────────────────┐
│  甚大な災害（予兆・発生）  │ ────→  │   市町村からの依頼により   │
│                         │        │     避難所の開設         │
└─────────────────────────┘        └─────────────────────────┘
```

※依頼や職員の派遣がない場合もある。

一次対応・児童生徒等の安全確保
　　　　・安全な場所へ避難
　　　　・避難後の児童生徒等の安全
　　　　　確認

二次対応・情報収集、学校施設の被害
　　　　　状況、学区の被害状況等を
　　　　　把握
　　　　・児童生徒等の引き渡し判断
　　　　・学校対策本部（避難所支援
　　　　　班）を設置

地域住民等が
自主的に避難

教職員による
安全な場所へ
の誘導

市町村災害対策
本部から職員派
遣

地域住民等が
避難

【初期段階の対応】
・避難者の受入と把握
・外部機関との渉外、連携
・衛生環境の整備
・支援物資の受入と配給

・避難者数の把握と避難者名簿の作成
・負傷者、傷病者への対応
・自衛隊等、救助や援助団体等との連絡
・トイレやごみの始末の管理等、衛生面で
　の配慮
・避難所使用時のマナーの確認
・支援物資配給時のトラブル防止

避難所運営組織づくりへの
支援

・避難所運営委員会の設置と役割分担
・生活班の編成、班長会議での助言
・避難所生活のルールづくりについての助言

市町村職員担当者の介入

自治組織による避難所運営

・避難名簿の整理、更新
・支援物資の整理と配給
・情報手段の整備、情報収集

■学校の役割分担（例）

	内容等
管理職 （校長・副校長・教頭）	・関係機関、教育委員会、市町村職員との連絡調整 ・職員への指示
教務・主幹教諭 防災主任	・情報収集と避難者への対応の窓口 ・自治組織との連絡調整
学級担任等	・役割に応じた避難所運営
養護教諭	・衛生面、環境面での配慮と支援
事務職員	・支援物資等の把握

学校施設のゾーニング（例）

〇児童生徒等の安全確保や授業再開時の混乱防止のため、避難所エリアと教育活動エリアを分離するとともに、児童生徒等と避難者の動線を分離する。

〇地震災害と風水害（浸水被害の可能性あり）とで分けて計画する。

〇災害救援物資が搬入される際の保管場所を明確化しておく。

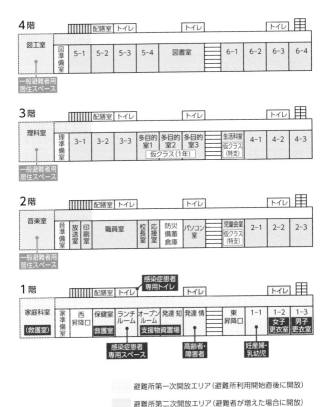

文部科学省『学校の「危機管理マニュアル」等の評価・見直しガイドライン』より引用し、一部改変

※自校の対応フロー等の記入、参考資料の貼付用などとしてご活用ください。

地震の特徴

日本における地震のタイプ

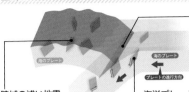

プレート境界の地震
・昭和19年 昭和東南海地震
・昭和21年 昭和南海地震
・平成15年 十勝沖地震
・平成23年 東北地方太平洋沖地震
　　　　　　　　　　　　　　など

陸域の浅い地震
・平成7年 兵庫県南部地震
・平成28年 熊本地震
・平成30年 北海道胆振東部地震 など

海洋プレート内の地震
・平成5年 釧路沖地震
・平成6年 北海道東方沖地震 など

出典：気象庁ホームページ

活断層型地震 （陸域の浅い）		海溝型地震 （プレート境界・海洋プレート内）
いきなり大きな縦揺れが起きることが多い	揺れの特徴	小さな縦揺れの後、ゆっくりとした大きな横揺れが続くことが多い
比較的短い時間（数十秒）	揺れる時間	長く続く（数分間）
狭い範囲で揺れる	揺れる範囲	広い範囲にわたる
家屋の倒壊や火災による被害が予想される	被害	家屋の倒壊や火災に加えて津波による被害もある

震度と揺れなどの状況

震度4
●ほとんどの人が驚く。
●電灯などのつり下げ物は大きく揺れる。
●座りの悪い置物が倒れることがある。

震度5弱
●大半の人が恐怖を覚え、物につかまりたいと感じる。
●棚にある食器類や本が落ちることがある。
●固定していない家具が移動することがあり、不安定なものは倒れることがある。

震度5強
●物につかまらないと歩くことが難しい。
●棚にある食器類や本で落ちるものが多くなる。
●固定していない家具が倒れることがある。
●補強されていないブロック塀が崩れることがある。

震度6弱
●立っていることが困難になる。
●固定していない家具の大半が移動し、倒れるものもある。ドアが開かなくなることがある。
●壁のタイルや窓ガラスが破損、落下することがある。
●耐震性の低い木造建物は、瓦が落下したり、建物が傾いたりすることがある。倒れるものもある。

震度6強
●はわないと動くことができない。飛ばされることもある。
●固定していない家具のほとんどが移動し、倒れるものが多くなる。
●耐震性の低い木造建物は、傾くものや、倒れるものが多くなる。
●大きな地割れが生じたり、大規模な地すべりや山体の崩壊が発生することがある。

震度7
●耐震性の低い木造家屋は、傾くものや倒れるものがさらに多くなる。
●耐震性の高い木造建物でも、まれに傾くことがある。
●耐震性の低い鉄筋コンクリート造の建物では、倒れるものが多くなる。

地震の揺れを感じたら… | 緊急地震速報を見聞きしたら…

あわてず、まず身の安全を‼

学校では

勝手な行動は禁物！

- 座布団や防災ずきんなどで頭を守って。机の下にもぐって机の脚を持つ。
- 児童生徒等は、先生や校内放送の指示に従う。
- 登下校中は、学校か家のどちらか近い方に向かう。

実験室では…
使っている火はすぐに消す。

図書室では…
本棚が倒れることもあるので安全な場所に移動する。

廊下・階段では…
その場にうずくまるか、近くの教室に入って机の下にもぐる。

家庭では

- 頭を保護し、丈夫な机の下など安全な場所に避難する
- あわてて外へ飛び出さない
- 無理に火を消そうとしない

自動車運転中は

- あわててスピードを落とさない
- ハザードランプを点灯し周りの車に注意を促す
- 急ブレーキはかけず、緩やかに速度を落とす

人が大勢いる施設では

- 係員の指示に従う
- あわてて出口に走り出さない

屋外（街）では

- ブロック塀の倒壊に注意
- 看板や割れたガラスの落下に注意

鉄道・バスでは

- つり革、手すりにしっかりつかまる

エレベーターでは

- 最寄りの階に停止させすぐに降りる

○周囲の状況により具体的な行動は異なる。日頃からいざというときの行動を考えておく。

津波の性質

○水深が浅くなるほど津波は高くなる。
○津波の速度は非常に速く、見てから逃げるのでは間に合わない。
○津波は繰り返し襲ってくる。後から来る津波の方が高くなることもある。
○津波の力は非常に強く、50cm程度の津波でも立っていられず、流されてしまう。
○地形によって局所的に高くなることもある。

津波の速さ

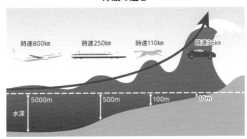

時速800km　　時速250km　　時速110km　　時速36km

水深　5000m　　　500m　　　100m　　　10m

地形による津波の増幅の例

V字型の湾では湾の奥にエネルギーが集中し、波高が高くなる。

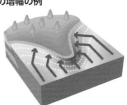

岬の先端では、津波が海岸線に対して平行になろうとしてエネルギーが集中し、波高が高くなる。

出典：気象庁ホームページ

津波の高さと被害状況

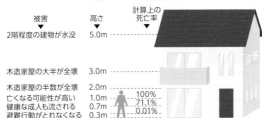

被害	高さ	計算上の死亡率
2階程度の建物が水没	5.0m	
木造家屋の大半が全壊	3.0m	
木造家屋の半数が全壊	2.0m	
亡くなる可能性が高い	1.0m	100%
健康な成人も流される	0.7m	71.1%
避難行動がとれなくなる	0.3m	0.01%

津波から身を守る

海辺や河口付近で地震の揺れを感じたら

大津波警報・津波警報・注意報を待たずに、すぐに高台や津波避難場所など安全な場所へ避難！

津波警報発表

速やかに安全な場所へ避難！

津波警報・注意報と避難のポイント

● 震源が陸地に近いと津波警報・注意報が津波の襲来に間に合わないことがある。強い揺れや弱くても長い揺れを感じたときは、すぐに避難を開始する。

● 津波は沿岸の地形等の影響により、局所的に予想より高くなる場合がある。ここなら安心と思わず、より高い場所を目指して避難する。

● 津波は長い時間くり返し襲ってくる。津波警報・注意報が解除されるまでは、避難を続ける。

【参考】津波標識等

津波注意
津波が来襲する危険のある地域を示す

津波避難ビル・津波避難場所
津波に対し安全な避難場所を示す

津波フラッグは避難の合図

赤と白の格子模様のこの旗は、津波警報等が発表されたことを知らせる合図。この旗を見たらすぐに避難する。

■津波警報・注意報の種類

種類	発表する津波の高さ		発表基準	被害と避難の呼びかけ(★)の例
	定性表現	数値表現 (津波の高さ予想の区分)		
大津波警報	巨大	**10m超** (10m<予想高さ) **10m** (5m<予想高さ≦10m) **5m** (3m<予想高さ≦5m)	予想される津波の最大波の高さが高いところで**3mを超える**場合	木造家屋が全壊・流失し、人は津波による流れに巻き込まれる。 ★大きな津波が襲い甚大な被害が発生します。沿岸部や川沿いにいる人は直ちに高台や避難ビルなど安全な場所へ避難してください。津波は繰り返し襲ってきます。警報が解除されるまで安全な場所から離れないでください。
津波警報	高い	**3m** (1m<予想高さ≦3m)	予想される津波の最大波の高さが高いところで**1mを超え3m以下**の場合	標高の低いところでは津波が襲い、浸水被害が発生する。人は津波による流れに巻き込まれる。 ★津波による被害が発生します。沿岸部や川沿いにいる人は直ちに高台や避難ビルなど安全な場所へ避難してください。津波は繰り返し襲ってきます。警報が解除されるまで安全な場所から離れないでください。
津波注意報	表記しない	**1m** (0.2m≦予想高さ≦1m)	予想される津波の最大波の高さが高いところで**0.2m以上1m以下**の場合であって、津波による災害のおそれがある場合	海の中では人は速い流れに巻き込まれ、また、養殖いかだが流失し小型船舶が転覆する。 ★海の中や海岸付近は危険です。海の中にいる人は直ちに海から上がって、海岸から離れてください。潮の流れが速い状態が続きますので、注意報が解除されるまで海に入ったり海岸に近づいたりしないようにしてください。

※大津波警報を「特別警報」に位置づけている。

津波警報・注意報を発表する場合には、同時に予報区ごとの第一波の到達予想時刻と予想される津波の最大波の高さ、また主な地点における満潮時刻や第一波の到達予想時刻に関する情報も発表される。

津波予報

　津波による災害のおそれがない場合には、津波予報や震源に関する情報でその旨を発表する。

- 津波の高さは場所によって大きく異なります。局所的には**予想される津波の最大波の高さより高くなる**場合がある。
- 津波予報区の第一波の到達予想時刻は、津波予報区の中で**最も早く津波の第一波が到達する時刻**。同じ予報区の中でも、場所によってはこの時刻よりも数十分、場合によっては1時間以上遅れて津波が襲ってくることがある。
- 沿岸に近い海域で大きな地震が発生した場合、津波警報・注意報の発表が津波の到達に**間に合わない**場合がある。
- 精査した地震の規模や実際に観測した津波の高さをもとに、津波警報・注意報を**切り替える**場合がある。

風水害・土砂災害の特徴

大雨

○集中豪雨が発生しやすいとき
- 前線が停滞しているとき（特に、梅雨期の終わりごろ）
- 台風が近づいているとき、台風が上陸したとき
- 大気の状態が不安定で、次々と雷雲が発生しているとき

○起こり得る災害
河川の氾濫・道路の冠水・土砂災害

■雨の強さと降り方

1時間雨量(mm)	予報用語	人の受けるイメージ	人への影響	屋外の様子
10以上〜20未満	やや強い雨	ザーザーと降る	地面からの跳ね返りで足元がぬれる	地面一面に水たまりができる
20以上〜30未満	強い雨	どしゃ降り	傘をさしていてもぬれる	
30以上〜50未満	激しい雨	バケツをひっくり返したように降る		道路が川のようになる
50以上〜80未満	非常に激しい雨	滝のように降る（ゴーゴーと降り続く）	傘は全く役に立たなくなる	水しぶきであたり一面が白っぽくなり、視界が悪くなる
80以上〜	猛烈な雨	息苦しくなるような圧迫感がある。恐怖を感ずる		

気象庁資料を参考にして作成

線状降水帯とは

　次々と発生する発達した雨雲（積乱雲）が列をなした積乱雲群によって、数時間にわたってほぼ同じ場所を通過又は停滞することで作り出される、線状に伸びる長さ50〜300km程度、幅20〜50km程度の強い降水をともなう雨域をいう。

線状降水帯の
代表的な
発生メカニズムの
模式図

④上空の風の影響で積乱雲や積乱雲群が線状に並ぶ

③大気の状態が不安定で湿潤な中で積乱雲が発達

①低層を中心に大量の暖かく湿った空気の流入が持続

②局地的な前線や地形などの影響で空気が持ち上がり雲が発生

線状の強い降水域

出典：気象庁ホームページ

風水害・土砂災害の特徴

台風

　北太平洋又は南シナ海に存在する熱帯低気圧のうち、低気圧域内の最大風速がおよそ17m/s（34ノット、風力8）以上のもの

台風の強さ及び大きさの階級分け

(1) 強さの階級分け

階　級	最大風速(m/s)
台風	33未満
強い台風	33以上〜44未満
非常に強い台風	44以上〜54未満
猛烈な台風	54以上

(2) 大きさの階級分け

階　級	風速15m/s以上の 半径(km)
台風	500未満
大型の台風	500以上〜800未満
超大型の台風	800以上

〔気象庁資料を参考にして作成〕

超大型
800km以上

800km

中心 500km

大　型
500km以上
〜800km未満

出典：気象庁ホームページ

高潮

○台風や発達した低気圧により、海面が大きく上昇する現象。
○気圧の低下によって海面が吸い上げられる「吸い上げ効果」と、強風によって海水が吹き寄せられる「吹き寄せ効果」により発生する。
○上昇した海水は通常の波に比べけた違いに大きいため、一度浸水が始まると低地における浸水被害が急速に広まる。

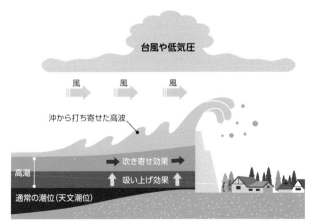

台風や低気圧

風　　風　　風

沖から打ち寄せた高波

吹き寄せ効果

高潮

吸い上げ効果

通常の潮位（天文潮位）

風水害・土砂災害の特徴

河川の氾濫

　日本の河川は川の長さが短く、上流から下流への勾配が急であるため、一旦雨が降ると一気に海へ流れる。梅雨前線の停滞や台風の接近等を原因とした大雨により河川の氾濫が起こることがある。

外水氾濫

堤防から水が溢れる
又は決壊による浸水

内水氾濫

河川へ排水する川や、下水路の排水
能力の不足による浸水

土砂災害の種類と前兆現象

がけ崩れ	土石流	地すべり
地中にしみ込んだ水分が土の抵抗力を弱め、急激に斜面が崩れ落ちる現象。突発的かつ急速に起こることが多い。	土石と水が一体となって流れ落ちる現象。昔から「山津波」「鉄砲水」といって恐れられている。	すべりやすい地層を境に、その上の土がそっくり動き出す現象。地層ごと大きく移動していく。
〔前兆現象〕	〔前兆現象〕	〔前兆現象〕
●小石がパラパラと落ちてくる。 ●がけから水が湧いてくる。 ●がけにひび割れができる。	●山鳴りや木立の裂けるような音、ふだん聞きなれない大きな音がする。 ●雨が降り続いているのに、川の水が急に減り始める。 ●川の水が濁ったり、流木が流れてくる。	●地面にひび割れができる。 ●地面の一部が陥没する。 ●沢や井戸の水が濁る。 ●崖や斜面から水が噴き出す。

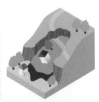

土砂災害は、大雨のときだけでなく、雨がやんでからも発生する可能性がある。

風水害・土砂災害から身を守る

風水害の発生が予想されるときの心得

①雨が降り出したら、気象情報や避難情報に
　注意する。
②むやみに外に出ず、危険な場所に近寄らない。

　次のような場所は、台風はもちろん、ゲリ
ラ豪雨などで短時間に急激に水が流れ込んだ
り、増水したりして危険。少しでも異常を感
じたらすぐに避難する。

- 地下街などの地下施設
- 住居の地下室、地下ガレージ
- 道路のアンダーパス
- 川原、中州、親水公園　　● 用水路付近

避難の心得

大雨時の注意点

❶動きやすく、安全な服装で
　ヘルメット又は帽子で頭を保護し、靴は
　ひもで締められる運動靴を使用。裸足・
　長靴は厳禁。

❷単独行動はしない
　単独での避難は、万一事故が起きたとき
　に非常に危険。周囲の人に声をかけ、一
　緒に避難する。

❸浸水が始まる前に避難を
　浸水した道路は、水面下が見えず、多く
　の危険が潜んでいるため、浸水が始まる
　前に早めに避難する。特に夜暗くなって
　からの避難は危険を伴うことから、明る
　いうちに避難を完了させる。

❹時間がない場合は「垂直避難」を
　建物内のより高い場所に向かって避難す
　ることを「垂直避難」という。屋内にと
　どまっていた方が安全な場合など、やむ
　を得ないときは、屋内の2階以上の
　場所、斜面から離れた部屋に
　避難する。

土砂災害のおそれが
あるときの注意点

❶ほかの土砂災害危険区域を通らな
　い
　避難する際は、ほかの土砂災害危
　険区域（危険箇所・警戒区域など）
　を通らないようにする。

❷雨がやんだ後も注意
　これまで降った雨が土の中に残っ
　ているため、雨がやんでも大雨警
　報が発表されている間は、土砂災
　害が発生するおそれがある。

❸前兆現象を知り、早めに避難
　土砂災害の発生前には、前兆現象
　が起きることがある（→p.62）。前
　兆現象を知ったときは、速やかに
　避難する。

❹土石流からの逃げ方
　土石流のスピードは時速20〜40km
　と大変速く、流れに背を向けて逃
　げても追いつかれてしまうので、
　土砂の流れる方向に対して直角に
　走って逃げる。

❺避難の余裕がないときの緊急
　避難
　比較的高い鉄筋コンクリート造り
　などの堅固な建物の2階以上で、
　斜面から離れた位置にある部屋に
　避難する。

雷・竜巻の特徴

雷・竜巻の前兆現象

真っ黒い雲が近づき周囲が急に暗くなる

雷鳴が聞こえたり雷光が見えたりする

急に冷たい風が吹き出す

出典：気象庁『急な大雨・雷・竜巻から身を守ろう！』より引用し、一部改変

竜巻

イメージ

積乱雲

竜巻

被害を受ける範囲
竜巻の経路
竜巻の移動方向

この他、発達した積乱雲はダウンバーストやガストフロントと呼ばれる破壊的な強風を引き起こすことがある。

○竜巻は、発達した積乱雲に伴って発生する激しい渦巻き。
○ろうと状や柱状の雲を伴う。
○台風、寒冷前線、低気圧などに伴って発生する。
○短時間で狭い範囲に集中して甚大な被害をもたらす。
　→被害は、長さ数km、幅数十～数百mの狭い範囲に集中する。
○移動スピードが非常に速い場合がある。
　→過去に発生した竜巻の中には、時速約90km（秒速25m）で移動したものもある。

出典：気象庁ホームページ

被害の特徴

●強い風によって建物が倒壊したり、車が転倒することがある。
●人や様々なものが飛ばされるだけでなく、巻き上げられたものが猛スピードで飛んでくる。
●建物の中でも、飛んできたものが窓ガラスを割ったり、壁に刺さったり、突き破ったりする。

雷・竜巻から身を守る

雷から身を守る

① 雷鳴が聞こえたらすぐ避難
●雷鳴が遠くても、雷雲はすぐに近づいてくる。屋外にいる場合は安全な場所に避難する。

② 建物の中や自動車へ避難
●建物や屋根付きの乗り物（自動車など）へ避難する。
×雨宿りで木の下に入るのは大変危険 **危険！**

③ 木や電柱から4m以上離れる
●側撃雷のおそれがあるので、木や電柱から4m以上離れる。図の三角の範囲内は比較的危険は小さいが、なるべく早く屋内の安全な場所に避難する。
●近くに避難する場所が無い場合は、姿勢を低くする。

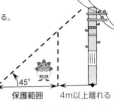

保護範囲　　4m以上離れる

出典：気象庁ホームページ

竜巻から身を守る

竜巻が発生する兆しを確認した時の退避行動

屋内の退避行動
●雨戸、窓、カーテンを閉める。
●建物の中心部に近い安全な部屋に移動する。

屋外の退避行動
屋内に退避する。
●大雨や雷に遭う可能性も高いので、早めに退避！
●人が集まる屋外行事、テントの使用、高所・クレーン・足場等で作業している場合は、早めに避難！

竜巻が接近した時の退避行動

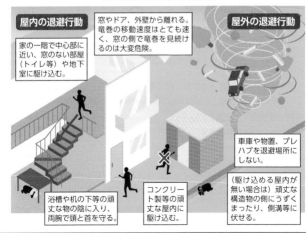

屋内の退避行動
家の一階で中心部に近い、窓のない部屋（トイレ等）や地下室に駆け込む。

窓やドア、外壁から離れる。竜巻の移動速度はとても速く、窓の側で竜巻を見続けるのは大変危険。

屋外の退避行動

車庫や物置、プレハブを退避場所にしない。

（駆け込める屋内が無い場合は）頑丈な構造物の側にうずくまったり、側溝等に伏せる。

浴槽や机の下等の頑丈な物の陰に入り、両腕で頭と首を守る。

コンクリート製等の頑丈な屋内に駆け込む。

気象警報・気象情報等

○気象庁は、気象の状況や見通しに応じて、以下のような防災気象情報を発表し、戒や注意の呼びかけを行う。

特別警報・警報・注意報

防災関係機関の活動や住民の安全確保行動の判断を支援するため、発生のおそれがある気象災害の重大さや可能性に応じて特別警報・警報・注意報を発表する。

特別警報	暴風、暴風雪、大雨（土砂災害、浸水害）、大雪、高潮、波浪	重大な災害の起こるおそれが著しく大きい場合に発表
警　報	暴風、暴風雪、大雨（土砂災害、浸水害）、大雪、高潮、波浪、洪水	重大な災害の起こるおそれがある場合に発表
注意報	強風、風雪、大雨、大雪、高潮、波浪、洪水、雷、濃霧、乾燥、なだれ、霜、低温、着雪、着氷、融雪	災害の起こるおそれがある場合に発表

大雨・洪水警報等が発表されたときには、実際にどこでどのような危険度が高まっているのか「キキクル」（危険度分布）（→p.9）で把握することができる。

『特別警報』のイメージ

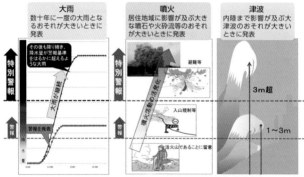

大雨 数十年に一度の大雨となるおそれが大きいときに発表

噴火 居住地域に影響が及ぶ大きな噴石や火砕流等のおそれが大きいときに発表

津波 内陸まで影響が及ぶ大津波のおそれが大きいときに発表

出典：気象庁ホームページ

気象情報

警報・注意報に先立って注意・警戒を呼びかけたり、警報・注意報の発表中に現象の経過、予想、防災上の留意点等を解説したりするために発表する。

早期注意情報（警報級の可能性）

警報級の現象が5日先までに予想されるときには、その可能性を [高] [中] 2段階で発表する。

記録的短時間大雨情報

数年に一度の大雨を観測した場合に発表する。実際に猛烈な雨が降ったことにより、土砂災害、浸水害、洪水災害の発生が切迫した危険な状況であることを意味する。

気象庁「気象警報・注意報」
https://www.jma.go.jp/jp/warn/

気象警報・気象情報等

顕著な大雨に関する情報

大雨による災害発生の危険度が急激に高まっている中で、線状の降水帯により非常に激しい雨が同じ場所で実際に降り続いている状況を「線状降水帯（→p.60）」というキーワードを使って解説する情報。

令和3年6月29日の沖縄本島地方での例

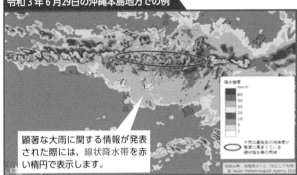

顕著な大雨に関する情報が発表された際には、線状降水帯を赤い楕円で表示します。

出典：石垣島地方気象台

土砂災害警戒情報

土砂災害の危険度が非常に高まった市町村に対して、都道府県と気象庁が共同で発表する。危険度が高まっている領域は「キキクル」（危険度分布）で確認できる。

指定河川洪水予報

あらかじめ指定した防災上重要な河川に対して、国土交通省や都道府県と気象庁が共同で発表する。

竜巻注意情報

今まさに竜巻などの激しい突風が発生しやすい気象状況になった場合に発表する。危険度が高まっている領域は「竜巻発生確度ナウキャスト」で確認できる。

ナウキャスト（降水・雷・竜巻）

降水の強さ、雷の激しさや可能性、竜巻などの激しい突風の発生しやすさについて、1時間先までの分布を予測する。気象庁ホームページでは「雨雲の動き」で確認できる。

気象庁「ナウキャスト」
https://www.jma.go.jp/bosai/nowc/

キキクル（大雨警報・洪水警報の危険度分布）

土砂災害・浸水害・洪水災害の危険度の高まりを、地図上で1kmごとに5段階に色分けして示す情報で、常時10分ごとに更新される。速やかに避難が必要とされる警戒レベル4に相当する「危険」（紫）などへの危険度の高まりは、スマホアプリ等による通知サービスでプッシュ型の通知を受信することができる（→p.9）。

5段階の警戒レベルと防災気象情報

■ 5段階の警戒レベルと防災気象情報

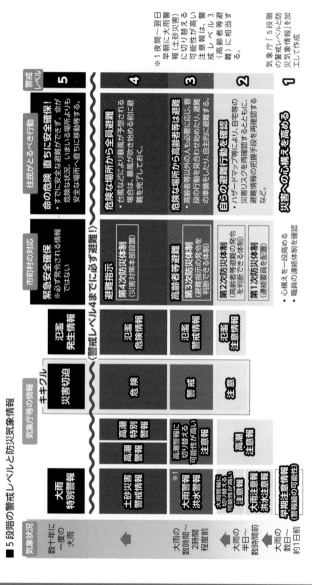

気象庁「5段階の警戒レベルに防災気象情報」を追加して作成

※1 夜間〜翌日早朝に大雨警報（土砂災害）に切り替える可能性が高い注意報は、警戒レベル3（高齢者等避難）に相当する。

警戒レベル	住民がとるべき行動	市町村等の対応	氾濫発生等の情報	キキクル 災害切迫	気象庁等の情報	気象状況
5	命の危険 直ちに安全確保！ すでに安全な避難ができず、命が危険な状況です。いまいる場所よりも安全な場所へ直ちに移動等をする。	緊急安全確保 ※必ず発令される情報ではない	氾濫発生情報	災害切迫	大雨特別警報	数十年に一度の大雨
4	危険な場所から全員避難 ・台風などにより暴風が予想される場合は、暴風が吹き始める前に避難を完了しておく。	避難指示 第4次防災体制（災害対策本部設置）	氾濫危険情報	危険	土砂災害警戒情報 ／ 高潮特別警報 ／ 高潮警報 高潮警報に切り替える可能性が高い注意報	大雨の数時間〜2時間程度前
3	危険な場所から高齢者等は避難 ・高齢者等以外の人も必要に応じ、ふだんの行動を見合わせ始めたり、避難の準備をしたり、自主的に避難する。	高齢者等避難 第3次防災体制（避難指示の発令を判断できる体制）	氾濫警戒情報	警戒	大雨警報（浸水害）／ 洪水警報 ※1 / 高潮注意報	大雨の半日〜数時間前
2	自らの避難行動を確認 ・ハザードマップ等により、自宅等の災害リスクや避難情報の把握手段を再確認するとともに、避難情報の把握手段を再確認するなど。	第2次防災体制（高齢者等避難の発令を判断できる体制） 第1次防災体制（連絡要員を配置）	氾濫注意情報	注意	大雨注意報 ／ 洪水注意報 大雨警報に切り替える可能性が高い注意報	大雨の半日〜数時間前
1	災害への心構えを高める	・心構えを一段高める ・職員の連絡体制を確認			早期注意情報（警報級の可能性）	大雨の数日〜約1日前

〈警戒レベル4までに必ず避難！〉

■噴火警戒レベルが運用されている火山についての噴火警報及び噴火予報

種別	名称	対象範囲	噴火警戒レベルとキーワード		説明		
					火山活動の状況	住民等の行動	登山者・入山者への対応
特別警報	噴火警報（居住地域）又は噴火警報	居住地域及びそれより火口側	レベル5	避難	居住地域に重大な被害を及ぼす噴火が発生、あるいは切迫している状態にある。	危険な居住地域からの避難等が必要（状況に応じて対象地域や方法等を判断）。	危険な地域への立入規制等（状況に応じて規制範囲を判断）。
			レベル4	高齢者等避難	居住地域に重大な被害を及ぼす噴火が発生すると予想される（可能性が高まってきている）。	警戒が必要な居住地域での高齢者等の要配慮者の避難、住民の避難の準備等が必要（状況に応じて対象地域を判断）。	
警報	噴火警報（火口周辺）又は火口周辺警報	火口から居住地域近くまで	レベル3	入山規制	居住地域の近くまで重大な影響を及ぼす（この範囲に入った場合には生命に危険が及ぶ）噴火が発生、あるいは発生すると予想される。	通常の生活（今後の火山活動の推移に注意。入山規制）。状況に応じて高齢者等の要配慮者の避難の準備等。	登山禁止・入山規制等、危険な地域への立入規制等（状況に応じて規制範囲を判断）。
		火口周辺	レベル2	火口周辺規制	火口周辺に影響を及ぼす（この範囲に入った場合には生命に危険が及ぶ）噴火が発生、あるいは発生すると予想される。	通常の生活（状況に応じて火山活動に関する情報収集、避難手順の確認等）。	火口周辺への立入規制等（状況に応じて火口周辺の規制範囲を判断）。
予報	噴火予報	火口内等	レベル1	活火山であることに留意	火山活動は静穏。火山活動の状態によって、火口内で火山灰の噴出等が見られる（この範囲に入った場合には生命に危険が及ぶ）。	通常の生活（状況に応じて火山活動に関する情報収集、避難手順の確認、防災訓練への参加等）。	特になし（状況に応じて火口内への立入規制等）。

※噴火警戒レベルを運用している火山では「噴火警報（居住地域）」（噴火警戒レベル4又は5）を特別警報に位置づけている。

火山災害・原子力災害の特徴

火山災害

火山噴火による災害のイメージ図

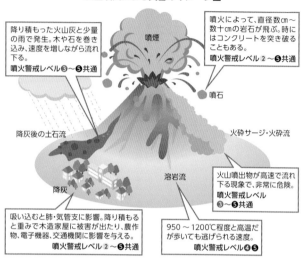

降り積もった火山灰と少量の雨で発生。木や石を巻き込み、速度を増しながら流れ下る。**噴火警戒レベル❸〜❺共通**

噴煙

噴火によって、直径数cm〜数十cmの岩石が飛ぶ。時にはコンクリートを突き破ることもある。**噴火警戒レベル2〜❺共通**

噴石

降灰後の土石流

火砕サージ・火砕流

降灰

溶岩流

火山噴出物が高速で流れ下る現象で、非常に危険。**噴火警戒レベル❸〜❺共通**

吸い込むと肺・気管支に影響。降り積もると重みで木造家屋に被害が出たり、農作物、電子機器、交通機関に影響を与える。**噴火警戒レベル2〜❺共通**

950〜1200℃程度と高温だが歩いても逃げられる速度。**噴火警戒レベル❹❺**

原子力災害

原子力災害発生時のイメージ図

※放射性物質・放射線は目に見えない

放射線

放射線プルーム（放射性雲）

放射線被ばく

吸入

農作物

沈着

原子力発電所

放射線物質

土壌汚染

放射線物質

吸入、飲食、傷口からの侵入

放射線

外部被ばく

内部被ばく

大雪に関する気象情報

■大雪のおそれに応じて段階的に発表される気象情報と対応

気象状況		気象庁の情報・対応	他機関との連携	大雪による被害

気象状況

- **14日前～6日前**
  大雪の数日～約1日前
  大雪の可能性が高くなる

- **大雪の数時間～2時間程度前**
  大雪となる

- 雪の降り方が一層激しくなり、記録的な大雪のおそれがある

- 広い範囲で数十年に一度の大雪

気象庁の情報・対応

- **早期天候情報**
- **早期注意情報**（警報級の可能性）
- **大雪注意報**
- 大雪警報に切り替える可能性が高い **大雪注意報！**
- **大雪警報**
- **大雪特別警報**

大雪に関する早期天候情報
（その時期としては10年に1度程度しかおきないような著しい降雪量となる可能性が高まっているときに注意を呼びかけ）

大雪に関する気象情報
（概ねの対象地域や予想降雪量などを共有）

記者会見
（大雪により社会的に影響が大きいと予想される場合に実施）

大雪に関する気象情報
（大雪に対する一層の警戒を呼びかけ）

大雪に関する気象情報
（大雪に対する厳重な警戒を呼びかけ）

降雪が大雪警報の基準を大幅に上回る場合や、普段雪の少ない地域で大雪警報級の降雪が予想される場合

顕著な大雪に関する気象情報
（短時間の大雪に対する一層の警戒を呼びかけ）

見出し文のみの短文形式情報

重大な災害の発生する可能性が著しく高まり、一層の警戒が必要となるような短時間の大雪となることが見込まれる場合

記者会見
（大雪に対する最大級の警戒を呼びかけるために実施）

他機関との連携

大雪に対する緊急発表（国交省と共同）

状況に応じ随時関係機関と協議して報道対応などを実施

大雪による被害
（少雪時）

- 鉄道の間引き運転
- 高速道路の通行止
- 交通機関の運休
- 立ち往生車両の発生
- 農業用ハウスや簡易な建物の倒壊
- 孤立集落の発生
- 大規模な交通渋滞

- 住宅の倒壊

学校安全に関する情報源

学校安全全般

◆学校安全ポータルサイト　文部科学省 × 学校安全（文部科学省）

　文部科学省や都道府県等で実施している取組やこれまでに作成した資料などを掲載。各地域で取り組まれている学校安全の実践事例等を共有し、防災教育を含む安全教育の更なる充実を図るための情報を発信

https://anzenkyouiku.mext.go.jp/

◆学校安全Web（独立行政法人日本スポーツ振興センター）

　学校事故事例検索データベース、学校災害事故防止のための情報、調査研究成果などを紹介

https://www.jpnsport.go.jp/anzen/

防災教育関連

◆防災ポータル（国土交通省）

　「いのちとくらしをまもる防災減災」を実行していくために「日頃から知ってほしい情報」「災害時、見て欲しい情報」を紹介

https://www.mlit.go.jp/river/bousai/olympic/

◆防災教育ポータル（国土交通省）

　防災教育に取り組んでいただく際に役立つ情報・コンテンツとして、国土交通省の最新の取組内容や授業で使用できる教材例・防災教育の事例などを紹介

https://www.mlit.go.jp/river/bousai/education/index.html

◆いのちを守る教員のための防災教育ポータル（宮城教育大学・国土交通省東北地方整備局）

　防災の授業づくりの充実を支援するコンテンツとして、指導案や授業で使用できるイラストや資料集などを掲載

http://drr.miyakyo-u.ac.jp/eduport/

アプリ

　スマートフォンから利用できるアプリをダウンロードすることで、災害情報や避難情報などを確認することができる。

◆Yahoo! 防災速報

https://emg.yahoo.co.jp/

◆NHKニュース・防災アプリ

https://www3.nhk.or.jp/news/news_bousai_app/index.html

学校安全に関するチェックリスト

自身の状況を確認してみましょう

	チェック項目	参考ページ
☐	「学校安全計画」の内容を理解している	2
☐	児童生徒等への安全教育を計画的に行っている	1、23
☐	災害時の自分の役割を理解している	14〜17、75
☐	緊急時の連絡先を知っている（すぐに取り出せる）	74
☐	校内のAEDのある場所を知っていて、心肺蘇生を行うことができる	25
☐	学校安全に関する資料を読んでいる	2、3、72
☐	災害から身を守るための警報・注意報等の内容を理解している	59、66〜69、71

自校の状況を確認してみましょう

	チェック項目	参考ページ
☐	自校の危機管理マニュアルは学区の実情を十分把握・反映しており、毎年度、適切な見直しを行っている	2、3
☐	災害リスクについて教育委員会や自治体防災部局と相互に情報交換・共有している	5、20
☐	予想災害種別や規模を踏まえて、具体的な避難場所や経路を複数定めている	21、22
☐	児童生徒等の引き渡しの手順を定めて、保護者に周知をしている	45〜47
☐	地域住民と避難方針／場所の整合が取れている（認識を共有している）	20〜22
☐	避難場所は、安全に避難できる先として整備されている	21、22

関係機関連絡先

機関(部署)名	電 話	備 考
教育委員会		
近隣の学校		
役所・役場		
課・室		
公的機関		
警察署		
交番・駐在所		
消防署		
医療機関等		
保健所		
その他の関係機関、地域組織・団体等		

個人メモ

自分の情報			
氏　名		電　話	
住　所			
生年月日		血液型	(Rh　)

家族の情報			
氏　名		連絡先	
氏　名		連絡先	
氏　名		連絡先	
氏　名		連絡先	
指定緊急 避難場所	(地震) (　　) (　　)	指　定 避難所	(地震) (　　) (　　)
備　考			

職場 (学校) の情報					
緊急時 の役割					
学校外の 避難場所		所要 時間	分	想定 災害	
		所要 時間	分	想定 災害	
		所要 時間	分	想定 災害	
設備の 場所	AED				
	消火器				
	災害時 優先電話	登録番号			
備　考					

監修　小田隆史（おだたかし）　東京大学大学院総合文化研究科准教授

　東北大学大学院博士課程修了。専門は地理学。外務省専門調査員、お茶の水女子大学助教、宮城教育大学教育復興支援センター特任准教授、教職大学院准教授などを経て、2019年4月、宮城教育大学防災教育研修機構副機構長に就任。国内外で、学生や教員等を対象とした防災分野の人材育成に携わる。2022年10月から現職。現在、日本安全教育学会理事、防災科学技術研究所客員研究員、宮城教育大学客員准教授。

　著書に『教師のための防災学習帳』（朝倉書店）。

編著　佐々木克敬（ささきかつのり）　宮城県仙台第三高等学校校長

　筑波大学大学院環境科学研究科修士課程修了。東日本大震災発生時、宮城県教育庁指導主事として災害対応にあたった経験から「防災系学科設置基本構想」の策定に携わる。2014年4月、災害科学科を開設した多賀城高校教頭として赴任。その後、校長として防災を軸とした特色ある学校教育を展開し、関連学会や教育誌でその成果が好評を得る。理科教育やESD（持続可能な開発のための教育）の分野で活躍している。

　著書に『命を守る防災学習ノート』（とうほう）。

※所属は執筆時のものです。

学校安全ポケット必携

令和5年4月28日　初　版　発　行

定価(本体1,182円＋税)

監　修	小　田　隆　史
編　著	佐々木　克　敬
発行者	星　沢　卓　也
発行所	東京法令出版株式会社

112-0002	東京都文京区小石川5丁目17番3号	03(5803)3304
534-0024	大阪市都島区東野田町1丁目17番12号	06(6355)5226
062-0902	札幌市豊平区豊平2条5丁目1番27号	011(822)8811
980-0012	仙台市青葉区錦町1丁目1番10号	022(216)5871
460-0003	名古屋市中区錦1丁目6番34号	052(218)5552
730-0005	広島市中区西白島町11番9号	082(212)0888
810-0011	福岡市中央区高砂2丁目13番22号	092(533)1588
380-8688	長野市南千歳町1005番地	

〔営業〕TEL 026(224)5411　FAX 026(224)5419
〔編集〕TEL 026(224)5412　FAX 026(224)5439
https://www.tokyo-horei.co.jp/

ISBN978-4-8090-6564-4 C3037 ￥1182E

A1